安全员岗位培训丛书

冶金企业安全员岗位培训教程

谢振华 编著

中国劳动社会保障出版社

图书在版编目(CIP)数据

冶金企业安全员岗位培训教程/谢振华编著. —北京：中国劳动社会保障出版社，2016

(安全员岗位培训丛书)

ISBN 978-7-5167-2578-8

Ⅰ. ①冶…　Ⅱ. ①谢…　Ⅲ. ①冶金工业-工业企业-安全生产-生产管理-岗位培训-教材　Ⅳ. ①F407.362

中国版本图书馆 CIP 数据核字(2016)第 136674 号

中国劳动社会保障出版社出版发行

(北京市惠新东街 1 号　邮政编码：100029)

*

北京市艺辉印刷有限公司印刷装订　新华书店经销

880 毫米×1230 毫米　32 开本　8.25 印张　180 千字

2016 年 6 月第 1 版　　2016 年 6 月第 1 次印刷

定价：25.00 元

读者服务部电话：(010) 64929211/64921644/84626437

营销部电话：(010) 64961894

出版社网址：http://www.class.com.cn

前　言

安全员作为企业基层的安全生产管理人员，肩负着企业安全生产的重任，安全员的工作能力与水平，直接关系到企业的安全生产水平。所以，安全员应该具备敏锐的安全意识和丰富的安全生产知识，在工作中能够辨识危险源，分析危险、有害因素，及时向领导反映，提出整改意见和措施，把事故扼杀在萌芽状态，确保企业的生产安全和职工的生命健康。

安全员的工作能力不仅要在平时的工作实践中获得，更重要的是要系统地进行理论学习，掌握新的安全技术和方法，不断地把理论应用于实践，用学到的知识指导日常工作，才能使安全管理工作系统化、全面化，不会遗留安全隐患和死角。“安全员岗位培训丛书”正是从这个角度出发，全面、系统地讲述了行业安全生产的特点，安全员需要掌握的相关法律、法规、制度、标准和特定企业的生产技术，以及职业健康和应急救援知识，是为企业安全员量身定做的一套培训和学习图书，适合于安全员岗位培训和日常工作参考。此套丛书具有如下特点：

1. 权威性。此套丛书的作者均为安全生产领域资深的专家、学者，在安全生产理论研究领域有所建树，又常深入企业生产一线进行安全生产工作指导，熟悉企业的生产特点。

2. 实用性。此套丛书不仅讲述了企业安全员应该掌握的基本知识，还穿插列举了一些真实案例，并给予恰当的点评，对安全员开展工作具有实际指导意义。

3. 专业性。此套丛书除设置一本企业安全员通用的教材之外，其他均按行业编写，突出行业特色，更具针对性。

内容简介

本书介绍了冶金企业安全员应掌握的安全生产有关知识，内容包括安全生产基础知识，安全生产法律、法规知识，安全生产管理知识，安全生产技术知识，职业健康知识等。

本书叙述简明扼要，内容密切联系生产实际，通俗易懂，并配有大量事故案例。本书可作为冶金企业安全员岗位培训教材，也可供从事冶金企业安全生产工作的有关人员使用、参考。

本书由谢振华编著，范冰冰、贾志云、陆晓玥参与编写。

目　录

第一章 安全生产基础知识

第一节 安全生产基本概念

一、安全生产管理

安全生产管理是管理的重要组成部分，也是保证安全生产的重要手段。安全生产管理是指针对人们生产过程中的安全问题，运用有效的资源，发挥人们的智慧，通过人们的努力，进行有关决策、计划、组织和控制等活动，实现生产过程中人与机器设备、物料、环境的和谐，达到安全生产的目标。

安全生产管理的目标是减少和控制危害，减少和控制事故，尽量避免生产过程中由于事故所造成的人身伤害、财产损失、环境污染以及其他损失。

安全生产管理的对象是企业的员工及其物质，包括企业的所有人员、设备设施、物料、环境、信息等。安全生产管理的内容非常广泛，包括安全生产管理机构和安全生产管理人员、安全生产责任制、安全生产管理规章制度、安全生产策划、安全培训教育、安全生产检查、危险源管理、劳动防护用品管理、事故调查处理、安全生产档案等。

二、安全和本质安全

安全泛指没有危险、不出事故的状态。生产过程中的安全即安全生产，是指在生产过程中不发生工伤事故、职业病、设备或财产损失。

安全是一个相对的概念，世界上没有绝对安全的事物，任何事物中都包含有不安全因素，具有一定的危险性。当危险性低于某种程度时，人们就认为是安全的。

本质安全是指通过设计等手段使生产设备、设施或技术工艺含有内在的能够从根本上防止发生事故的功能，即使在误操作或发生故障的情况下也不会发生事故。本质安全具体包括两方面的内容：

（1）失误—安全功能。指操作者即使操作失误，也不会发生事故或伤害，或者说设备、设施和技术工艺本身具有自动防止人的不安全行为的能力。

（2）故障—安全功能。指设备、设施和技术工艺发生故障或损坏时，还能暂时维持正常工作或自动转变为安全状态。

上述这两种安全功能应该是设备、设施和技术工艺本身固有的，即在它们的规划设计阶段就被纳入其中，而不是事后补偿的。

本质安全是安全生产管理以预防为主的根本体现，也是安全生产管理的最高境界。但由于技术、资金和人们对事故的认识等原因，目前还很难做到本质安全。

三、事故和事故隐患

事故是指生产、生活中发生的意外损失或灾祸，生产安全事故是指在生产过程中造成人员死亡、伤害、职业病、财产损失或其他损失的意外事件。根据生产安全事故造成的人员伤亡或者直接经济损失，事故可分为特别重大事故、重大事故、较大事故和一般事故四个等级。

事故隐患泛指生产系统中可导致事故发生的人的不安全行为、物的不安全状态和管理上的缺陷。国家安全生产监督管理总局第16号令《安全生产事故隐患排查治理暂行规定》将事故隐患定义为：生产经营单位违反安全生产法律、法规、规章、标准、规程和安全生产管理制度的规定，或者因其他因素在生产经营活动中存在可能导致事故发生的物的危险状态、人的不安全行为和管理上的缺陷。

事故隐患分为一般事故隐患和重大事故隐患。一般事故隐患是指危害和整改难度较小，发现后能够立即整改排除的隐患。重大事故隐患是指危害和整改难度较大，应当全部或者局部停产停业，并经过一定时间整改治理方能排除的隐患，或者因外部因素影响致使生产经营单位自身难以排除的隐患。

《安全生产法》第五十六条规定，从业人员发现事故隐患或者其他不安全因素，应当立即向现场安全生产管理人员或者本单位负责人报告；接到报告的人员应当及时予以处理。

【相关知识】

2015年8月以来，各地区按照全国安全生产电视电话会议部署和国务院安委会《关于全面开展安全生产大检查　深化“打非治违”和专项整治工作的通知》（安委明电〔2015〕2号）、《关于深入开展危险化学品和易燃易爆物品安全专项整治的紧急通知》（安委明电〔2015〕3号）要求，认真开展以危险化学品为重点的安全生产大检查工作，取得了积极进展。截至9月底，全国共组织安全生产检查执法组38.9万个，检查企业197.7万家次，排查隐患256.3万项，整改率为93.5%，其中重大隐患1.39万项，整改率为81.7%。打击整治非法违规生产经营建设行为301.4万起，停产整顿企业18 566家，关闭取缔企业5 089家，依法暂扣、吊销许可证照16 133个，移交司法机关追究刑事责任2 752人。

四、危险、危险源和重大危险源

危险是指生产中发生事故的可能性超过了人们的承受程度。危险是人们对事物的具体认识，如危险环境、危险条件、危险状态、危险物质、危险场所、危险人员、危险因素等。

一般用风险度表示危险的程度，风险度是生产过程中事故发生的可能性与严重性的综合反映。

危险源是指可能造成人员伤害、疾病、财产损失、作业环境破坏或其他损失的根源或状态。危险源可以是物，也可以是人。例如，煤气在冶金生产过程中，可能会发生泄漏，引起中毒、火灾或爆炸事故，因此装满煤气的储罐是危险源；操作过程中没有完善的操作标准，可能使员工出现不安全行为，因此没有操作标准是危险源。

为了对危险源进行分级管理，防止发生重大事故，提出了重大危险源的概念。广义上说，重大危险源是指可能导致重大事故发生的危险源。根据《安全生产法》规定，重大危险源是指长期地或者临时地生产、搬运、使用或者储存危险物品，且危险物品的数量等于或者超过临界量的单元（包括场所和设施）。在《危险化学品重大危险源辨识》（GB 18218—2009）标准中，给出了各种危险化学品的名称、类别及其临界量。

《安全生产法》第三十七条规定，生产经营单位对重大危险源应当登记建档，进行定期检测、评估、监控，并制定应急预案，告知从业人员和相关人员在紧急情况下应当采取的应急措施。生产经营单位应当按照国家有关规定将本单位重大危险源及有关安全措施、应急措施报有关地方人民政府负责安全生产监督管理的部门和有关部门备案。

五、事故预防控制的基本方法

事故预防是指通过采用技术和管理手段使事故不发生。安全生产管理工作应该做到预防为主，通过有效的管理和技术手段，减少和防止人的不安全行为和物的不安全状态。事故控制是指通过采取技术和管理手段使事故发生后不造成严重后果或使后果尽可能减小。事故发生后，要采取正确有效的应急救援措施，抢救受害人员，组织撤离或者采取其他措施保护危害区域内的其他人员，控制事故的发展，防止事故蔓延扩大。

对于事故的预防与控制，应从安全技术、安全教育、安全管理三方面入手，采取相应措施。安全技术对策着重解决物的不安全状态问题。安全教育对策和安全管理对策则主要着眼于人的不安全行为问题。安全教育对策主要使人知道，在哪里存在危险源、如何导致事故、事故的可能性和严重程度如何，对于可能的危险应该怎么做。安全管理对策则是要求必须怎么做。

六、安全员应具备的条件

要做好安全生产工作，企业安全员需要掌握社会科学知识，因为安全工作具有高度的政策性；同时又要掌握大量的自然科学知识，因为安全工作具有复杂的技术性。一般来说，企业安全员应具备以下条件：

(1) 坚持党的四项基本原则，拥护改革开放政策，具有科学发展观和安全发展观，有一定的政策理论水平。

(2) 具有较强的语言表达能力，敢于坚持原则，热爱本职工作，密切联系群众。

(3) 掌握基本的安全生产管理知识，有一定的安全生产管理经验。

(4) 掌握相关的安全技术专业知识和职业卫生知识。

(5) 懂得企业的生产流程、工艺技术，了解企业生产中的危险因素和危险源。

(6) 了解事故预防控制的基本方法，熟悉生产现场的事故防范措施。

(7) 能结合生产实际，实施各项安全技术措施，具有较强的组织能力、分析能力和综合协调能力。

(8) 能深入操作现场调查研究，监督、检查安全技术措施和制度的执行情况，能配合生产部门、技术部门改进现有的安全技术措施，提出整改意见。

第二节　冶金企业安全生产的特点

一、冶金企业的分类及主要危险

从广义上讲，冶金企业包括黑色冶金企业（狭义的冶金企业）和有色冶金企业两大类。根据国家标准《国民经济行业分类与代码》(GB/T 4754—2011)，黑色冶金企业是指从事黑色金属的冶炼和压延加工，包括炼铁、炼钢、黑色金属铸造、钢压延加工、铁合金冶炼的企业；有色冶金企业是指从事有色金属的冶炼和压延加工，包括常用有色金属冶炼（铜冶炼、铅锌冶炼、铝冶炼等）、贵金属冶炼（金冶炼、银冶炼等）、稀有稀土金属冶炼、有色金属合金制造、有色金属铸造、有色金属压延加工的企业。

冶金生产过程既有冶金工艺所决定的高热能、高势能的危害，又有化工生产具有的有毒有害、易燃易爆和高温高压危险。同时，还有机具、车辆和高处坠落等伤害，特别是冶金生产中易发生的钢水和铁水喷溅爆炸、煤气中毒或燃烧、爆炸等事故，其危害程度极为严重。此外，冶金生产的主体工艺和设备对辅助系统的依赖程度很高，如突然停电等可能造成铁水、钢水在炉内凝固，煤气网管压力突然骤降等而引发重大事故。因此，冶金企业的危险源具有危险因素复杂、相互影响大、波及范围广、伤害严重等特点。

二、烧结、焦化、耐火材料生产过程中存在的主要危险源及主要事故类别和原因

1. 烧结

烧结生产过程中存在的主要危险源有：高温危害、粉尘危害、高速机械转动伤害、有毒有害气体及物质流危害、高处作业危险、作业环境复杂等。主要事故类别为：机械伤害、高处坠落、物体打击、起重伤害、灼烫、触电、中毒以及尘肺病等职业病。导致事故发生的主要原因是：设备设施缺陷、技术与工艺缺陷、防护装置缺陷、作业环境差、规章制度不完善和违章作业等。

2. 焦化

焦化生产过程中存在的主要危险源有：粉尘危害、有毒有害及易燃易爆气体和物质流伤害、火灾爆炸伤害、高温和噪声危害等。主要

事故类别为：火灾、爆炸、机械伤害、中毒、灼烫事故等。根据冶金行业焦化厂事故原因分析可知，导致事故发生的主要原因是：违章作业和操作失误、安全技术知识缺乏和安全操作技术不熟练、技术和设计缺陷、设备设施和工具缺陷等。

3. 耐火材料

耐火材料生产过程中存在的主要危险源有：冲压成型设备及其操作危害，高温炉窑及作业的危害，回转往复运动机械的伤害，高温、粉尘危害等。主要事故类别为：物体打击、机械伤害、车辆伤害、起重伤害、灼烫、高处坠落等。导致事故发生的主要原因是：违章操作或误操作、劳动组织不合理、现场缺乏检查指导、技术和设计缺陷、缺乏安全技术知识、设备安全防护装置存在缺陷或失效等。

三、炼铁生产过程中存在的主要危险源及主要事故类别和原因

炼铁生产工艺设备复杂，作业种类多，作业环境差，劳动强度大。炼铁生产过程中存在的主要危险源有：烟尘、噪声、高温辐射、铁水和熔渣喷溅与爆炸、高炉煤气中毒、高炉煤气燃烧爆炸、煤粉爆炸、机具及车辆伤害、高处作业危险等。

炼铁生产中的主要事故类别为：灼烫、机具伤害、车辆伤害、物体打击、煤气中毒和各类爆炸等事故。此外，触电、高处坠落事故以及尘肺病、矽肺病和慢性一氧化碳中毒等职业病也经常发生。

导致事故发生的主要原因包括人为因素、管理原因和物质原因三个方面。人为因素中主要是违章作业；其次是误操作和身体疲劳。管理原因中最主要的是不懂或不熟悉操作技术，劳动组织不合理；其次是现场缺乏检查指导、安全规程不健全，以及技术和设计上的缺陷。物质原因中主要是设施（备）工具缺陷，个体防护用品缺乏或有缺

陷；其次是防护保险装置有缺陷和作业环境条件差。

四、炼钢生产过程中存在的主要危险源及主要事故类别和原因

炼钢生产中高温作业线长，设备和作业种类多，起重作业和运输作业频繁，主要危险源有：高温辐射、钢水和熔渣喷溅与爆炸、氧枪回火燃烧爆炸、煤气中毒、车辆伤害、起重伤害、机具伤害、高处坠落伤害等。

炼钢生产中的主要事故类别为：氧气回火、钢水和熔渣喷溅等引起的灼烫和爆炸，起重伤害，车辆伤害，机具伤害，物体打击，高处坠落，以及触电和煤气中毒事故。

统计表明，炼钢生产安全事故的主要原因是：人为的违章作业和误操作，作业环境条件不良，设备有缺陷，操作技术不熟悉，作业现场缺乏督促检查和指导，安全规程不健全或执行不严格，个体防护措施和用品有缺陷或缺乏等。

五、轧钢生产过程中存在的主要危险源及主要事故类别和原因

轧钢生产主要由加热、轧制和精整三个主要工序组成，生产过程中工艺、设备复杂，作业频繁，作业环境温度高，噪声和烟雾大。主要危险源有：高温加热设备，高温物流，高速运转的机械设备，煤气氧气等易燃易爆和有毒有害气体，有毒有害化学制剂，电气和液压设施，能源、起重运输设备，以及高温、噪声和烟雾影响等。

轧钢生产过程中的安全事故在整个冶金行业中较为严重，高于全行业平均水平，主要事故类别为：机械伤害、物体打击、起重伤害、灼烫、高处坠落、触电和爆炸等。导致事故发生的主要原因是：违章操作和误操作，技术设备缺陷和防护装置缺陷，安全技术和操作技术不熟悉，作业环境条件缺陷，以及安全生产规章制度执行不严格等。

六、有色金属冶炼生产过程中存在的主要危险源及主要事故类别和原因

有色金属冶炼生产包括铜、铅、锌、铝和其他稀有金属和贵重金属的冶炼和铸造，其生产过程具有设备、工艺复杂，设备设施、工序工种量多面广，交叉作业，频繁作业，危险因素多等特点。主要危险源有：高温，噪声，烟尘危害，有毒有害、易燃易爆气体和其他物质中毒、燃烧及爆炸危险，各种炉窑的运行和操作危险，高能高压设备的运行和操作危险，高处作业危险，复杂环境作业危险等。

有色金属冶炼生产的主要事故类别为：机械伤害，车辆伤害，起重伤害，高温及化学品导致的灼烫伤害，有毒有害气体和化学品引起的中毒和窒息，可燃气体导致的火灾和爆炸，高处坠落事故等。根据对以往事故的统计分析，有色金属冶炼生产安全事故的主要原因是：违章作业和不熟悉、不懂安全操作技术，工艺设备缺陷和技术设计缺陷，防护装置失效或缺陷，现场缺乏检查和指导，安全生产规章制度不完善或执行不严，作业环境条件不良等。

【相关知识】

黄金冶炼生产过程中存在的主要危险源有：高温，噪声，烟尘危害，氰化物和汞中毒，易燃易爆气体和其他物质中毒，燃烧及爆炸危险，高能高压设备的运行和操作危险，高处作业危险，复杂环境作业危险等。主要事故类别为：机械伤害，车辆伤害，起重伤害，高温及化学品导致的灼烫伤害，有毒有害气体和化学品引起的中毒和窒息，可燃气体导致的火灾和爆炸，以及高处坠落事故等。导致事故发生的主要原因是：违章操作或误操作，设备（施）及防护装置自身缺陷，安全技术知识缺乏，现场缺乏检查指导，监护措施、监护装置与个体

防护用品缺乏或有缺陷，事故预防与救护措施不完善等。

七、煤气、氧气使用过程中存在的主要危险源及事故类别和原因

1．煤气使用过程中存在的主要危险源及事故类别和原因

冶金生产中大量产生和使用煤气的有：高炉煤气、焦炉煤气、转炉煤气、发生炉煤气和铁合金煤气。各种煤气的组成成分及其所占百分比各不相同，主要成分为一氧化碳、氢气、甲烷、氮气、二氧化碳等。煤气是冶金生产中主要的危险源之一，其主要危害是腐蚀、毒害、燃烧和爆炸。煤气事故的主要类别为：急性中毒和窒息事故、燃烧引起的火灾和灼烫事故、爆炸形成的爆炸伤害和破坏事故。冶金生产过程中导致煤气事故发生的主要原因是：违章操作或误操作，设备（施）及防护装置自身缺陷，安全技术知识缺乏，现场缺乏检查指导和监护措施，监护装置与个体防护用品缺乏或有缺陷，以及事故预防及救护措施不完善等。

2．氧气使用过程中存在的主要危险源及事故类别和原因

冶金生产过程中大量使用氧气。氧气易助燃，几乎与一切可燃物结合都可进行燃烧，与其他可燃气体按一定的比例混合后极易发生爆炸，其主要危险是易燃烧和易爆炸。氧气燃烧时通常温度很高，火势很猛，灾害严重。氧气燃烧导致的灼烫和烧伤事故往往烧伤面积大、深度深，难以治愈。氧气爆炸时通常强度很大、很猛烈，冲击性、破坏性和毁灭性极强。冶金生产过程中导致氧气事故发生的类别主要是氧气燃烧或助燃造成的火灾、烧伤事故和氧气爆炸形成的爆炸事故，其伤害和破坏程度都很严重。分析统计表明，冶金生产中引发氧气事故的主要原因是：人为的违章操作和误操作，设备设施装置的缺陷，缺乏安全技术知识和操作不熟练等。

【事故案例】

2015 年 11 月 29 日，山东省滨州市邹平县某不锈钢有限公司转炉煤气管道发生泄漏，造成 10 人死亡、7 人受伤。事故发生的直接原因是煤气管道 1 号排水器水封被击穿，该管道排灰管上闸阀违规开启，下闸阀阀体开裂，造成煤气泄漏，使检修煤气管道的工人中毒。事故暴露出该公司煤气管道设计、建造不符合有关规程要求，煤气安全管理责任不清晰，排灰管未采取有效的煤气隔断措施等突出问题。

防范措施建议：一是加强煤气安全隐患排查治理，按照《工业企业煤气安全规程》（GB 6222—2005）和相关文件要求对表检查，认真排查整改安全隐患；二是落实煤气作业审批制度和安全防范措施，实行全过程安全条件确认和监护制度；三是加强煤气安全管理人员和从业人员（含相关从业人员）的安全培训，未经考核合格不得上岗；四是强化煤气事故应急管理，制定有针对性的煤气专项应急预案并加强应急演练，发生中毒事故后必须由受过应急技能培训的专业人员施救。

第二章 安全生产法律、法规知识

第一节 安全生产法律、法规基本知识

一、安全生产法律、法规的种类

我国有关安全生产的法律、法规很多。我国全部现行的、不同的安全生产法律规范形成的有机联系的统一整体称为安全生产法律体系，包括安全生产法律、法规、规章和标准等。

1．法律

我国有关安全生产的专门法律有《安全生产法》《消防法》《道路交通安全法》《海上交通安全法》《特种设备安全法》《矿山安全法》；与安全生产相关的法律主要有《职业病防治法》《劳动法》《突发事件应对法》《刑法》《矿产资源法》《铁路法》《公路法》《民用航空法》《港口法》《建筑法》《煤炭法》《电力法》《环境保护法》《行政处罚法》等。

2．法规

安全生产法规包括行政法规和地方性法规。安全生产行政法规是由国务院组织制定颁布的，是实施安全生产监督管理和监察工作的重要依据。安全生产行政法规主要有《生产安全事故报告和调查处理

条例》《工伤保险条例》《煤矿安全监察条例》《国务院关于预防煤矿生产安全事故的特别规定》《建设工程安全生产管理条例》《危险化学品安全管理条例》《烟花爆竹安全管理条例》《民用爆炸物品安全管理条例》《特种设备安全监察条例》《安全生产许可证条例》等。

地方性安全生产法规是指由地方人民代表大会及其常务委员会制定的安全生产规范性文件，以解决本地区特定的安全生产问题为目标，具有较强的针对性和操作性。

3．规章

安全生产规章包括国务院有关部门颁布的安全生产规章和地方政府安全生产规章。国家安全生产监督管理总局颁布的有关安全生产的部门规章主要有《建设项目安全设施“三同时”监督管理办法》《生产经营单位安全培训规定》《特种作业人员安全技术培训考核管理规定》《安全生产事故隐患排查治理暂行规定》《职业病危害项目申报办法》《安全生产违法行为行政处罚办法》《冶金企业安全生产监督管理规定》《用人单位职业病危害防治八条规定》《企业安全生产应急管理九条规定》《企业安全生产风险公告六条规定》《有限空间安全作业五条规定》等。

4．标准

安全生产标准是安全生产法律、法规体系中的重要组成部分，也是安全生产管理的基础和监督执法工作的重要技术依据。安全标准是指在生产工作场所或者领域，为改善劳动条件和设施，规范生产作业行为，保护劳动者免受各种伤害，保障劳动者人身安全健康，实现安全生产和作业的准则和依据。安全生产行业标准（AQ）的范围包括矿山、危险化学品、烟花爆竹、个体防护、粉尘防爆、涂装作业等领域，有基础标准、管理标准、技术标准、方法标准、产品标准等。冶金行业的安全生产标准主要有《炼铁安全规程》（AQ 2002—2004）、《炼钢安全规程》（AQ 2001—2004）、《轧钢安全规程》（AQ 2003—2004）、《工业企业煤气安全规程》（GB 6222—2005）、《烧结球团安全规程》（AQ 2025—2010）、《焦化安全规程》（GB 12710—2008）等。

二、从业人员的安全生产权利

1．知情权

在生产劳动过程中，往往存在着一些对从业人员人身安全和健康有危险、危害的因素。从业人员有权了解其作业场所和工作岗位与安全生产有关的情况：一是存在的危险因素，二是防范措施，三是事故应急措施。从业人员对于安全生产的知情权，是保护劳动者生命健康权的重要前提。如果从业人员知道并且掌握有关安全生产的知识和处理办法，就可以消除许多不安全因素和事故隐患，避免或者减少事故的发生。

2．建议权

从业人员对本单位的安全生产工作有建议权。安全生产工作涉及从业人员的生命安全和健康，因此从业人员有权参与用人单位的民主管理。从业人员通过参与生产经营的民主管理，可以充分调动其关心安全生产的积极性与主动性，为本单位的安全生产工作献计献策，提出意见与建议。

【法律知识】

《安全生产法》第五十条规定，生产经营单位的从业人员有权了解其作业场所和工作岗位存在的危险因素、防范措施及事故应急措施，有权对本单位的安全生产工作提出建议。

3. 批评、检举、控告权

从业人员是企业的主人，他们对安全生产情况尤其是安全管理中的问题和事故隐患最了解、最熟悉，具有他人不能替代的作用。只有依靠他们并且赋予其必要的安全生产监督权和自我保护权，才能做到预防为主，防患于未然，才能保障他们的人身安全和健康。关注安全，就是关爱生命，关心企业。

安全生产的批评权是指从业人员对本单位安全生产工作中存在的问题提出批评的权利。这一权利规定有利于从业人员对生产经营单位进行群众监督，促使生产经营单位不断改进本单位的安全生产工作。

安全生产的检举权、控告权是指从业人员对本单位及有关人员违反安全生产法律、法规的行为，有向主管部门和司法机关进行检举和控告的权利。检举可以署名，也可以不署名；可以用书面形式，也可以用口头形式。但是，从业人员在行使这一权利时，应注意检举和控告的情况必须真实，要实事求是。

4. 拒绝违章指挥和强令冒险作业权

从业人员享有拒绝违章指挥和强令冒险作业权，是保护从业人员生命安全和健康的一项重要权利。

在生产劳动过程中，有时会出现企业负责人或者管理人员违章指挥和强令从业人员冒险作业的情况，由此导致事故，造成人员伤亡。因此，法律赋予从业人员拒绝违章指挥和强令冒险作业的权利，不仅是为了保护从业人员的人身安全，也是为了警示企业负责人和管理人员必须照章指挥，保证安全。企业不得因从业人员拒绝违章指挥和强令冒险作业而对其进行打击报复。

【法律知识】

《安全生产法》第五十一条规定，从业人员有权对本单位安全生产工作中存在的问题提出批评、检举、控告；有权拒绝违章指挥和强令冒险作业。

生产经营单位不得因从业人员对本单位安全生产工作提出批评、检举、控告或者拒绝违章指挥、强令冒险作业而降低其工资、福利等待遇或者解除与其订立的劳动合同。

【事故案例】

某日上午，某建材厂在建筑工程施工中，违反操作规程，强令工人乘提升吊篮冒险作业，致使钢丝绳断裂，造成1人死亡、5人重伤、1人轻伤的严重后果。事发前几天，该厂建筑安装队队长徐某就发现提升吊篮的钢丝绳有点毛，徐某不及时采取措施，继续安排工人盲目蛮干。发生事故的当天，工人向副队长时某反映钢丝绳“毛得厉害”，时某检查发现有一尺多长的毛头，便指派安装工钟某更换钢丝绳。而钟某为了追求进度，轻信钢丝绳不可能马上断，决定先把7名工人送上楼干活，再换钢丝绳。当吊篮接近四楼时，钢丝绳突然断裂，导致重大人员伤亡事故的发生。

5. 紧急情况下的停止作业和紧急撤离权

由于在生产过程中，自然和人为危险因素的存在不可避免，经常会在作业时发生一些意外的或者人为的直接危及从业人员人身安全的危险情况，将会或者可能会对从业人员造成人身伤害。当遇到危险紧急情况并且无法避免时，最大限度地保护现场作业人员的生命安全是第一位的，因此法律赋予其享有停止作业和紧急撤离的权利。

从业人员在行使这项权利的时候，必须明确以下四点：

（1）危及从业人员人身安全的紧急情况必须有确实可靠的直接根据，凭借个人猜测或者误判而实际并不属于危及人身安全的紧急情况除外，该项权利也不能滥用。

（2）紧急情况必须直接危及人身安全，间接或者可能危及人身安全的情况不应撤离，而应采取有效处理措施。

（3）出现危及人身安全的紧急情况时，首先是停止作业，然后要采取可能的应急措施；采取应急措施无效时，再撤离作业场所。

（4）该项权利不适用于某些从事特殊职业的从业人员，比如车辆驾驶人员等。

【法律知识】

《安全生产法》第五十二条规定，从业人员发现直接危及人身安全的紧急情况时，有权停止作业或者在采取可能的应急措施后撤离作业场所。

生产经营单位不得因从业人员在紧急情况下停止作业或者采取紧急撤离措施而降低其工资、福利等待遇或者解除与其订立的劳动合同。

6. 工伤保险赔偿权

根据《安全生产法》的规定，劳动者有权要求用人单位依法为其办理工伤保险。用人单位不得以任何形式与从业人员订立协议，免除或者减轻其对从业人员因生产安全事故伤亡依法应当承担的责任。工伤保险费由企业按工资总额的一定比例缴纳，劳动者个人不缴费。

劳动者在生产经营活动中因为各种原因，可能发生意外伤害、职业病以及因这两种情况造成的死亡。在劳动者暂时或永久丧失劳动能力时，劳动者或其亲属有权从国家、社会得到必要的物质补偿。这种物质补偿一般以现金形式体现。

《安全生产法》的有关规定，明确了以下四个问题：

(1) 从业人员依法享有工伤保险和伤亡赔偿的权利。法律规定这项权利必须以劳动合同必要条款的书面形式加以确认。

(2) 依法为从业人员缴纳工伤社会保险费和给予民事赔偿，是生产经营单位的法律义务。

(3) 发生生产安全事故后，从业人员首先依照劳动合同和工伤社会保险合同的约定，享有相应的赔付金。

(4) 从业人员获得工伤社会保险赔付和民事赔偿的金额标准、领取和支付程序，必须符合法律、法规和国家的有关规定。

【法律知识】

《安全生产法》第五十三条规定，因生产安全事故受到损害的从业人员，除依法享有工伤保险外，依照有关民事法律尚有获得赔偿的权利的，有权向本单位提出赔偿要求。

《工伤保险条例》第二条规定，中华人民共和国境内的企业、事业单位、社会团体、民办非企业单位、基金会、律师事务所、会计师事务所等组织和有雇工的个体工商户应当依照《工伤保险条例》规定参加工伤保险，为本单位全部职工或者雇工缴纳工伤保险费。

中华人民共和国境内的企业、事业单位、社会团体、民办非企业单位、基金会、律师事务所、会计师事务所等组织的职工和个体工商户的雇工，均有依照《工伤保险条例》的规定享受工伤保险待遇的权利。

7. 监督权

我国安全生产监督管理制度包括安全生产监督管理体制、各级安全生产监督管理部门以及其他有关部门各自的安全监督管理职责、公众监督、社区组织监督和新闻舆论监督等重要内容。

《安全生产法》第七十一条和第七十四条分别规定，任何单位或者个人对事故隐患或者安全生产违法行为，均有权向负有安全生产监督管理职责的部门报告或者举报；新闻、出版、广播、电影、电视等单位有进行安全生产公益宣传教育的义务，有对违反安全生产法律、法规的行为进行舆论监督的权利。

发动人民群众和社会力量对安全生产进行监督，对安全生产违法行为进行举报，可以避免或者减少重大安全生产事故，可以使安全生产违法行为得到查处。对报告重大事故隐患或者举报安全生产违法行为的有功人员给予奖励，可以弘扬正气。

三、女职工和未成年工享有的特殊劳动保护权利

1. 女职工享有的特殊劳动保护权利

女职工的身体结构和生理特点决定其应受到特殊劳动保护。女职工的体力一般比男职工差，特别是女职工在“五期”（经期、孕期、产期、哺乳期、绝经期）有特殊的生理变化现象，所以女职工对工业生产过程中的有毒有害因素一般比男职工敏感性强。另外，高噪声环境、剧烈震动、放射性物质等都能对女性生殖机能和身体产生有害影响。因此，要做好和加强女职工的特殊劳动保护工作，避免和减少劳动生产过程给女职工带来的危害。

《劳动法》对女职工的特殊劳动保护作出以下规定：

（1）禁止安排女职工从事矿山井下、国家规定的第四级体力劳动强度的劳动和其他禁忌从事的劳动。

（2）不得安排女职工在经期从事高处、低温、冷水作业和国家规定的第三级体力劳动强度的劳动。

（3）不得安排女职工在怀孕期间从事国家规定的第三级体力劳动强度的劳动和孕期禁忌从事的活动。对怀孕7个月以上的女职工，不得安排其延长工作时间和夜班劳动。

（4）女职工生育享受不少于90天的产假。

（5）不得安排女职工在哺乳未满1周岁的婴儿期间从事国家规定的第三级体力劳动强度的劳动和哺乳期禁忌从事的其他劳动，不得安排其延长工作时间和夜班劳动。

2. 未成年工享有的特殊劳动保护权利

未成年工是指年满16周岁未满18周岁的劳动者。未成年工依法享有特殊劳动保护的权利。这是针对未成年工处于生长发育期的特点以及接受义务教育的需要所采取的特殊劳动保护措施。

未成年工处于生长发育期，身体机能尚未健全，也缺乏生产知识和生产技能，过重及过度紧张的劳动，不良的工作环境，不适的劳动工种或劳动岗位，都会对他们产生不利影响，如果劳动过程中不进行特殊保护就会损害他们的身体健康。例如未成年少女长期从事负重作业和立位作业，可影响骨盆正常发育，导致生育难产发病率增高；未成年工对生产性毒物敏感性较高，长期从事有毒有害作业易引起职业中毒，影响其生长发育。

【法律知识】

《劳动法》第六十四条规定，不得安排未成年工从事矿山井下、有毒有害、国家规定的第四级体力劳动强度的劳动和其他禁忌从事的劳动。

《劳动法》第六十五条规定，用人单位应当对未成年工定期进行健康检查。

四、从业人员的安全生产义务

1. 遵章守规，服从管理

生产经营单位的安全生产规章制度、安全操作规程，是企业管理规章制度的重要组成部分。

根据《安全生产法》及其他有关法律、法规和规章的规定，生产经营单位必须制定本单位的安全生产规章制度和操作规程。从业人员必须严格依照这些规章制度和操作规程进行生产经营作业。单位的负责人和管理人员有权依照规章制度和操作规程进行安全管理，监督检查从业人员遵章守制的情况。依照法律规定，生产经营单位的从业人员不服从管理，违反安全生产规章制度和操作规程的，由生产经营单位给予批评教育，依照有关规章制度给予处分；造成重大事故，构成犯罪的，依照《刑法》有关规定追究刑事责任。

【法律知识】

《安全生产法》第五十四条规定，从业人员在作业过程中，应当严格遵守本单位的安全生产规章制度和操作规程，服从管理，正确佩戴和使用劳动防护用品。

2. 正确佩戴和使用劳动防护用品

按照法律、法规的规定，为保障人身安全，用人单位必须为从业人员提供必要的、安全的劳动防护用品，以避免或者减轻作业中的人身伤害。但在实践中，由于一些从业人员缺乏安全知识，心存侥幸或嫌麻烦，往往不按规定佩戴和使用劳动防护用品，由此引发的人身伤害事故时有发生。另外，有的从业人员由于不会或者没有正确使用劳动防护用品，同样也难以避免受到人身伤害。因此，正确佩戴和使用劳动防护用品是从业人员必须履行的法定义务，这是保障从业人员人身安全和生产经营单位安全生产的需要。从业人员不履行该项义务而造成人身伤害的，单位不承担法律责任。

【事故案例】

案例 1：某日，某化工厂浓硫酸泵出故障，必须立即组织人员进行抢修。检修工急忙穿戴好雨衣、防毒口罩、水鞋、防酸手套、安全帽等，但却忘记佩戴防酸眼镜。刚开始时，抢修工作进展十分顺利，但没想到要收工、试车时，一检修工上前去查看，恰巧一股强烈刺鼻的浓硫酸呈水柱样喷射出来，导致该检修工整个脸部、身上都溅满了硫酸，而其双眼因没戴防酸眼镜被严重灼伤。

案例 2：某日下午，某水泥厂包装工在进行倒料作业中，包装工王某因脚穿拖鞋，行动不便、重心不稳，左脚踩进螺旋输送机上部 10 cm 宽的缝隙内，正在运行的机器将其脚和腿绞了进去。王某大声呼救，其他人员见状立即停车并反转盘车，才将王某的脚和腿退出。尽管王某被迅速送到医院救治，仍造成左腿高位截肢。

3. 接受安全培训，掌握安全生产技能

不同企业、不同工作岗位和不同的生产设施设备具有不同的安全技术特性和要求。随着高新技术装备的大量使用，企业对从业人员的安全素质要求越来越高。从业人员的安全生产意识和安全技能的高低，直接关系到企业生产活动的安全可靠性。从业人员需要具有系统的安全知识、熟练的安全生产技能，以及对不安全因素和事故隐患、突发事故的预防、处理能力和经验。要适应企业生产活动的需要，从业人员必须接受专门的安全生产教育和业务培训，不断提高自身的安全生产技术水平和能力。

【法律知识】

《安全生产法》第五十五条规定，从业人员应当接受安全生产教育和培训，掌握本职工作所需的安全生产知识，提高安全生产技能，增强事故预防和应急处理能力。

4. 及时报告事故隐患或者其他不安全因素

从业人员往往属于事故隐患和不安全因素的第一当事人。许多生产安全事故正是由于从业人员在作业现场发现事故隐患和不安全因素后，没有及时报告，以致延误了采取措施进行紧急处理的时机，最终酿成惨剧；相反，如果从业人员尽职尽责，及时发现并报告事故隐患和不安全因素，使之得到及时、有效的处理，就完全可以避免发生事故和降低事故损失。所以，发现事故隐患并及时报告是贯彻“安全第一、预防为主、综合治理”的方针，加强事前防范的重要措施。

【法律知识】

《安全生产法》第五十六条规定，从业人员发现事故隐患或者其他不安全因素，应当立即向现场安全生产管理人员或者本单位负责人报告；接到报告的人员应当及时予以处理。

第二节　安全生产法律简介

一、《安全生产法》简介

《安全生产法》于2002年11月1日起施行，2014年8月31日第十二届全国人民代表大会常务委员会第十次会议通过全国人民代表大会常务委员会关于修改《中华人民共和国安全生产法》的决定，自2014年12月1日起施行。新《安全生产法》（以下简称新法），认真贯彻落实习近平总书记关于安全生产工作一系列重要指示精神，从强化安全生产工作的地位、进一步落实生产经营单位主体责任、政府安全监管定位和加强基层执法力量、强化安全生产责任追究等方面入手，着眼于安全生产现实问题和发展要求，补充完善了相关法律制度规定，主要有十大特点。

1．坚持以人为本，推进安全发展

新法提出安全生产工作应当以人为本，充分体现了习近平总书记等中央领导同志关于安全生产工作一系列重要指示精神，对于坚守发展绝不能以牺牲人的生命为代价这条红线，牢固树立以人为本、生命至上的理念，正确处理重大险情和事故应急救援中“保财产”还是“保人命”问题，具有重大意义。为强化安全生产工作的重要地位，明确安全生产在国民经济和社会发展中的重要地位，推进安全生产形势持续稳定好转，新法将坚持安全发展写入了总则。

2．建立完善安全生产方针和工作机制

新法确立了“安全第一、预防为主、综合治理”的安全生产工作“十二字方针”，明确了安全生产的重要地位、主体任务和实现安全生产的根本途径。“安全第一”要求从事生产经营活动必须把安全放在首位，不能以牺牲人的生命、健康为代价换取发展和效益；“预防为主”要求把安全生产工作的重心放在预防上，强化隐患排查治理，“打非治违”，从源头上控制、预防和减少生产安全事故；“综合治理”要求运用行政、经济、法治、科技等多种手段，充分发挥社会、职工、舆论监督各个方面的作用，抓好安全生产工作。坚持“十二字方针”，总结实践经验，新法明确要求建立生产经营单位负责、职工参与、政府监管、行业自律、社会监督的机制，进一步明确各方安全生产职责。做好安全生产工作，落实生产经营单位主体责任是根本，职工参与是基础，政府监管是关键，行业自律是发展方向，社会监督是实现预防和减少生产安全事故目标的保障。

3. 落实“三个必须”，明确安全监管部门执法地位

按照“三个必须”（管业务必须管安全、管行业必须管安全、管生产经营必须管安全）的要求，新法一是规定国务院和县级以上地方人民政府应当建立健全安全生产工作协调机制，及时协调、解决安全生产监督管理中存在的重大问题；二是明确国务院和县级以上地方人民政府安全生产监督管理部门实施综合监督管理，有关部门在各自职责范围内对有关行业、领域的安全生产工作实施监督管理，并将其统称为负有安全生产监督管理职责的部门；三是明确各级安全生产监督管理部门和其他负有安全生产监督管理职责的部门作为执法部门，依法开展安全生产行政执法工作，对生产经营单位执行法律、法规、国家标准或者行业标准的情况进行监督检查。

4. 明确乡镇人民政府以及街道办事处、开发区管理机构安全生产职责

乡镇街道是安全生产工作的重要基础，有必要在立法层面明确其安全生产职责，同时，针对各地经济技术开发区、工业园区的安全监管体制不顺、监管人员配备不足、事故隐患集中、事故多发等突出问题，新法明确：乡、镇人民政府以及街道办事处、开发区管理机构等地方人民政府的派出机关应当按照职责，加强对本行政区域内生产经营单位安全生产状况的监督检查，协助上级人民政府有关部门依法履行安全生产监督管理职责。

5．进一步强化生产经营单位的安全生产主体责任

做好安全生产工作，落实生产经营单位主体责任是根本。新法把明确安全责任、发挥生产经营单位安全生产管理机构和安全生产管理人员作用作为一项重要内容，作出四个方面的重要规定：一是明确委托规定的机构提供安全生产技术、管理服务的，保证安全生产的责任仍然由本单位负责；二是明确生产经营单位的安全生产责任制的内容，规定生产经营单位应当建立相应的机制，加强对安全生产责任制落实情况的监督考核；三是明确生产经营单位的安全生产管理机构以及安全生产管理人员履行的七项职责；四是规定矿山、金属冶炼建设项目和用于生产、储存危险物品的建设项目竣工投入生产或者使用前，由建设单位负责组织对安全设施进行验收。

6．建立事故预防和应急救援制度

新法把加强事前预防和事故应急救援作为一项重要内容：一是生产经营单位必须建立生产安全事故隐患排查治理制度，采取技术、管理措施及时发现并消除事故隐患，并向从业人员通报隐患排查治理情况的制度。二是政府有关部门要建立健全重大事故隐患治理督办制度，督促生产经营单位消除重大事故隐患。三是对未建立隐患排查治理制度、未采取有效措施消除事故隐患的行为，设定了严格的行政处罚。四是赋予负有安全监管职责的部门对拒不执行执法决定、有发生生产安全事故现实危险的生产经营单位依法采取停电、停供民用爆炸物品等措施，强制生产经营单位履行决定的权力。五是国家建立应急救援基地和应急救援队伍，建立全国统一的应急救援信息系统。生产经营单位应当依法制定应急预案并定期演练。参与事故抢救的部门和单位要服从统一指挥，根据事故救援的需要组织采取告知、警戒、疏

散等措施。

7. 建立安全生产标准化制度

安全生产标准化是指在传统的安全质量标准化基础上，根据安全生产工作的要求、企业生产工艺特点，借鉴国外现代先进安全管理思想，形成的一套系统的、规范的、科学的安全管理体系。2010 年《国务院关于进一步加强企业安全生产工作的通知》(国发〔2010〕23 号)、2011 年《国务院关于坚持科学发展安全发展　促进安全生产形势持续稳定好转的意见》(国发〔2011〕40 号) 均对安全生产标准化工作提出了明确的要求。结合多年的实践经验，新法在总则部分明确提出推进安全生产标准化工作，这必将对强化安全生产基础建设，促进企业安全生产水平持续提升产生重大而深远的影响。

8. 推行注册安全工程师制度

为解决中小企业安全生产“无人管、不会管”问题，促进安全生产管理人员队伍朝着专业化、职业化方向发展，国家自 2004 年以来连续 10 年实施了全国注册安全工程师执业资格统一考试。截至 2013 年 12 月，已有近 15 万人注册并在生产经营单位和安全生产中介服务机构执业。新法确立了注册安全工程师制度，并从两个方面加以推进：一是危险物品的生产、储存单位以及矿山、金属冶炼单位应当有注册安全工程师从事安全生产管理工作，鼓励其他生产经营单位聘用注册安全工程师从事安全生产管理工作；二是建立注册安全工程师按专业分类管理制度，授权国务院有关部门制定具体实施办法。

9. 推进安全生产责任保险制度

新法总结近年来的试点经验，通过引入保险机制，促进安全生产，规定国家鼓励生产经营单位投保安全生产责任保险。安全生产责任保险具有其他保险所不具备的特殊功能和优势：一是增加事故救援费用和第三人（事故单位从业人员以外的事故受害人）赔付的资金来源，有助于减轻政府负担，维护社会稳定。二是有利于现行安全生产经济政策的完善和发展。2005年起实施的高危行业风险抵押金制度存在缴存标准高、占用资金大、缺乏激励作用等不足，目前湖南、上海等省市已经通过地方立法允许企业自愿选择责任保险或者风险抵押金，受到企业的广泛欢迎。三是通过保险费率浮动、引进保险公司参与企业安全管理，可以有效促进企业加强安全生产工作。

10. 加大对安全生产违法行为的责任追究力度

一是规定了事故行政处罚和终身行业禁入。第一，将行政法规的规定上升为法律条文，按照两个责任主体、四个事故等级，设立了对生产经营单位及其主要负责人的八项罚款处罚明文。第二，进一步明确主要负责人对重大、特别重大事故负有责任的，终身不得担任本行业生产经营单位的主要负责人。

二是加大罚款处罚力度。结合各地区经济发展水平、企业规模等实际，新法维持罚款下限基本不变、将罚款上限提高了2~5倍，并且大多数罚则不再将限期整改作为前置条件。反映了“打非治违”“重典治乱”的现实需要，强化了对安全生产违法行为的震慑力，也有利于降低执法成本、提高执法效能。

三是建立了严重违法行为公告和通报制度。要求负有安全生产监督管理职责的部门建立安全生产违法行为信息库，如实记录生产经营单位的违法行为信息；对违法行为情节严重的生产经营单位，应当向社会公告，并通报行业主管部门、投资主管部门、国土资源主管部门、证券监督管理部门和有关金融机构。

【事故案例】

2015 年 8 月 31 日 23 时 18 分，山东东营某化学有限公司年产 20 000 t 改性型胶粘新材料联产项目二胺车间混二硝基苯装置在投料试车过程中发生爆炸事故，事故造成包括该公司副总经理在内的 13 人死亡，混二硝基苯装置框架厂房完全损毁，相邻的周边其他建构筑物受到不同程度损坏。

经调查，事故发生的直接原因是车间负责人违章指挥操作人员向地面排放硝化再分离器内含有混二硝基苯的物料，导致起火燃烧，大火炙烤附近的硝化反应釜并引发爆炸。同时，企业在项目建设和试车过程中存在严重违法违规行为，是造成这次事故的重要原因。

这次事故暴露出的主要问题有四个方面：一是企业主要负责人法制意识淡薄，未经批准进行项目建设；二是不具备试生产条件违规组织试车；三是企业负责人违章指挥、强令冒险作业；四是企业安全生产责任不落实。

二、《职业病防治法》简介

《职业病防治法》自 2002 年 5 月 1 日起施行，根据 2011 年 12 月 31 日第十一届全国人民代表大会常务委员会第二十四次会议《关于修改〈中华人民共和国职业病防治法〉的决定》修正，自修正之日起施行。

《职业病防治法》分为总则、前期预防、劳动过程中的防护与管理、职业病诊断与职业病病人保障、监督检查、法律责任、附则，共七章九十条。

《职业病防治法》第三条规定，职业病防治工作坚持预防为主、防治结合的方针，建立用人单位负责、行政机关监管、行业自律、职工参与和社会监督的机制，实行分类管理、综合治理。

1. 劳动者享有的职业卫生保护权利

《职业病防治法》第四十条规定了劳动者享有的七项职业卫生保护权利，分别是：

（1）获得职业卫生教育、培训的权利。

（2）获得职业健康检查、职业病诊疗、康复等职业病防治服务的权利。

（3）了解工作场所产生或者可能产生的职业病危害因素、危害后果和应当采取的职业病防护措施的权利。

（4）要求用人单位提供符合防治职业病要求的职业病防治设施和个人使用的职业病防护用品，改善工作条件的权利。

（5）对违反职业病防治法律、法规以及危及生命健康行为提出批评、检举和控告的权利。

（6）拒绝违章指挥和强令进行没有职业病防护措施的作业的权利。

（7）参与用人单位职业卫生工作的民主管理，对职业病防治工作提出意见和建议的权利。

因劳动者依法行使正当权利而降低其工资、福利等待遇或者解除、终止与其订立的劳动合同的，其行为无效。

2. 前期预防

《职业病防治法》第十五条规定，产生职业病危害的用人单位的设立除应当符合法律、行政法规规定的设立条件外，其工作场所还应当符合下列职业卫生要求：

（1）职业病危害因素的强度或者浓度符合国家职业卫生标准。

（2）有与职业病危害防护相适应的设施。

（3）生产布局合理，符合有害与无害作业分开的原则。

（4）有配套的更衣间、洗浴间、孕妇休息间等卫生设施。

（5）设备、工具、用具等设施符合保护劳动者生理、心理健康的要求。

（6）法律、行政法规和国务院卫生行政部门、安全生产监督管理部门关于保护劳动者健康的其他要求。

《职业病防治法》第十八条规定，建设项目的职业病防护设施所需费用应当纳入建设项目工程预算，并与主体工程同时设计、同时施工、同时投入生产和使用。

3. 劳动过程中的防护与管理

《职业病防治法》第二十一条规定，用人单位应当采取下列职业病防治管理措施：

（1）设置或者指定职业卫生管理机构或者组织，配备专职或者兼职的职业卫生管理人员，负责本单位的职业病防治工作。

（2）制定职业病防治计划和实施方案。

（3）建立、健全职业卫生管理制度和操作规程。

（4）建立、健全职业卫生档案和劳动者健康监护档案。

（5）建立、健全工作场所职业病危害因素监测及评价制度。

（6）建立、健全职业病危害事故应急救援预案。

4. 职业病诊断和职业病病人保障

《职业病防治法》第四十四条和第四十五条分别规定，医疗卫生机构承担职业病诊断，应当经省、自治区、直辖市人民政府卫生行政部门批准；劳动者可以在用人单位所在地、本人户籍所在地或者经常居住地依法承担职业病诊断的医疗卫生机构进行职业病诊断。

《职业病防治法》第五十六条规定，医疗卫生机构发现疑似职业病病人时，应当告知劳动者本人并及时通知用人单位。

用人单位应当及时安排对疑似职业病病人进行诊断；在疑似职业病病人诊断或者医学观察期间，不得解除或者终止与其订立的劳动合同。疑似职业病病人在诊断、医学观察期间的费用，由用人单位承担。

《职业病防治法》第五十七条规定，用人单位应当保障职业病病人依法享受国家规定的职业病待遇。用人单位应当按照国家有关规定，安排职业病病人进行治疗、康复和定期检查。用人单位对不适宜继续从事原工作的职业病病人，应当调离原岗位，并妥善安置。用人单位对从事接触职业病危害的作业的劳动者，应当给予适当岗位津贴。

三、《消防法》简介

《消防法》由第十一届全国人民代表大会常务委员会第五次会议于2008年10月28日修订通过，自2009年5月1日起施行。《消防法》的立法目的是预防火灾和减少火灾危害，加强应急救援工作，保护人身、财产安全，维护公共安全。

《消防法》共七章七十四条，内容分别为总则、火灾预防、消防组织、灭火救援、监督检查、法律责任、附则。

1. 有关单位的消防安全职责

《消防法》第十六条规定，机关、团体、企业、事业等单位应当履行下列消防安全职责：

（1）落实消防安全责任制，制定本单位的消防安全制度、消防安全操作规程，制定灭火和应急疏散预案。

（2）按照国家标准、行业标准配置消防设施、器材，设置消防安全标志，并定期组织检验、维修，确保完好有效。

（3）对建筑消防设施每年至少进行一次全面检测，确保完好有效，检测记录应当完整准确，存档备查。

（4）保障疏散通道、安全出口、消防车通道畅通，保证防火防烟分区、防火间距符合消防技术标准。

（5）组织防火检查，及时消除火灾隐患。

（6）组织进行有针对性的消防演练。

（7）法律、法规规定的其他消防安全职责。

该条款明确规定，单位的主要负责人是本单位的消防安全责任人。

2. 消防安全重点单位的安全管理

《消防法》第十七条规定，县级以上地方人民政府公安机关消防机构应当将发生火灾可能性较大以及发生火灾可能造成重大的人身伤亡或者财产损失的单位，确定为本行政区域内的消防安全重点单位，并由公安机关报本级人民政府备案。

消防安全重点单位除应当履行《消防法》第十六条规定的职责外，还应当履行下列消防安全职责：

（1）确定消防安全管理人，组织实施本单位的消防安全管理工作。

（2）建立消防档案，确定消防安全重点部位，设置防火标志，实行严格管理。

（3）实行每日防火巡查，并建立巡查记录。

（4）对职工进行岗前消防安全培训，定期组织消防安全培训和消防演练。

【事故案例】

2015年5月25日19时30分，河南省平顶山市鲁山县一老年公寓发生特别重大火灾事故，造成39人死亡、6人受伤，过火面积745.8 m^2，直接经济损失达2 064.5万元。

事故的直接原因是：老年公寓不能自理区西北角房间西墙及其对应吊顶内，给电视机供电的电器线路接触不良发热，高温引燃周围的电线绝缘层、聚苯乙烯泡沫、吊顶木龙骨等易燃可燃材料，造成火灾。造成火势迅速蔓延和重大人员伤亡的主要原因是建筑物大量使用聚苯乙烯夹芯彩钢板（聚苯乙烯夹芯材料燃烧的滴落物具有引燃性），且吊顶空间整体贯通，加剧火势迅速蔓延并猛烈燃烧，导致整体建筑物短时间内垮塌损毁；不能自理区老人无自主活动能力，无法及时自救造成重大人员伤亡。

事故的间接原因有：该老年公寓违规建设运营，管理不规范，安全隐患长期存在；地方民政部门违规审批许可，行业监管不到位；地方公安消防部门落实消防法规政策不到位，消防监管不力；地方国土、规划、建设部门执法监督工作不力，履行职责不到位；地方政府安全生产属地责任落实不到位。

四、《特种设备安全法》简介

《特种设备安全法》自2014年1月1日起施行，其立法目的是加强特种设备安全工作，预防特种设备事故，保障人身和财产安全，促进经济社会发展。

《特种设备安全法》共七章一百零一条，内容分别为总则，生产、经营、使用，检验、检测，监督管理，事故应急救援与调查处理，法律责任，附则。

《特种设备安全法》第二条规定，特种设备的生产（包括设计、制造、安装、改造、修理)、经营、使用、检验、检测和特种设备安全的监督管理，适用该法。该法所称特种设备，是指对人身和财产安全有较大危险性的锅炉、压力容器（含气瓶)、压力管道、电梯、起重机械、客运索道、大型游乐设施、场（厂）内专用机动车辆，以及法律、行政法规规定适用该法的其他特种设备。

《特种设备安全法》第三十四条规定，特种设备使用单位应当建立岗位责任、隐患治理、应急救援等安全管理制度，制定操作规程，保证特种设备安全运行。

《特种设备安全法》第四十一条规定，特种设备安全管理人员应当对特种设备使用状况进行经常性检查，发现问题应当立即处理；情况紧急时，可以决定停止使用特种设备并及时报告本单位有关负责人。

特种设备作业人员在作业过程中发现事故隐患或者其他不安全因素，应当立即向特种设备安全管理人员和单位有关负责人报告；特种设备运行不正常时，特种设备作业人员应当按照操作规程采取有效措施保证安全。

《特种设备安全法》第四十二条规定，特种设备出现故障或者发生异常情况，特种设备使用单位应当对其进行全面检查，消除事故隐患，方可继续使用。

五、《突发事件应对法》简介

《突发事件应对法》于 2007 年 8 月 30 日经第十届全国人民代表大会常务委员会第二十九次会议审议通过，自 2007 年 11 月 1 日起施行。该法的立法目的是预防和减少突发事件的发生，控制、减轻和消除突发事件引起的严重社会危害，规范突发事件应对活动，保护人民生命财产安全，维护国家安全、公共安全、环境安全和社会秩序。

《突发事件应对法》分为总则、预防与应急准备、监测与预警、应急处置与救援、事后恢复与重建、法律责任、附则，共七章七十条。该法的制定，对于进一步建立和完善我国的突发事件应急管理体制、机制和法制，预防、控制和消除突发事件的社会危害，提高政府应对突发事件的能力，落实执政为民的要求，构建社会主义和谐社会，都具有重要意义。

《突发事件应对法》第三条规定，突发事件是指突然发生，造成或者可能造成严重社会危害，需要采取应急处置措施予以应对的自然灾害、事故灾难、公共卫生事件和社会安全事件。按照社会危害程度、影响范围等因素，自然灾害、事故灾难、公共卫生事件分为特别重大、重大、较大和一般四级。法律、行政法规或者国务院另有规定的，从其规定。

《突发事件应对法》第二十三条规定，矿山、建筑施工单位和易燃易爆物品、危险化学品、放射性物品等危险物品的生产、经营、储运、使用单位，应当制定具体应急预案，并对生产经营场所、有危险物品的建筑物、构筑物及周边环境开展隐患排查，及时采取措施消除隐患，防止发生突发事件。

《突发事件应对法》第二十六条规定，县级以上人民政府应当整合应急资源，建立或者确定综合性应急救援队伍。人民政府有关部门可以根据实际需要设立专业应急救援队伍。

县级以上人民政府及其有关部门可以建立由成年志愿者组成的应

急救援队伍。单位应当建立由本单位职工组成的专职或者兼职应急救援队伍。县级以上人民政府应当加强专业应急救援队伍与非专业应急救援队伍的合作，联合培训、联合演练，提高合成应急、协同应急的能力。

《突发事件应对法》第二十七条规定，国务院有关部门、县级以上地方各级人民政府及其有关部门、有关单位应当为专业应急救援人员购买人身意外伤害保险，配备必要的防护装备和器材，减少应急救援人员的人身风险。

第三节　安全生产法规简介

一、《危险化学品安全管理条例》简介

1. 适用范围

《危险化学品安全管理条例》于2002年1月26日由中华人民共和国国务院令第344号公布，经2011年2月16日国务院第144次常务会议修订通过，自2011年12月1日起施行。《危险化学品安全管理条例》的立法目的是加强对危险化学品的安全管理，预防和减少危险化学品事故，保障人民群众生命财产安全，保护环境。

《危险化学品安全管理条例》的适用范围是危险化学品生产、储存、使用、经营和运输的安全管理。废弃危险化学品的处置，依照有关环境保护的法律、行政法规和国家有关规定执行。

该条例所称危险化学品，是指具有毒害、腐蚀、爆炸、燃烧、助燃等性质，对人体、设施、环境具有危害的剧毒化学品和其他化学品。危险化学品目录，由国务院安全生产监督管理部门会同国务院工

业和信息化、公安、环境保护、卫生、质量监督检验检疫、交通运输、铁路、民用航空、农业主管部门，根据化学品危险特性的鉴别和分类标准确定、公布，并适时调整。

2. 危险化学品单位的安全责任

《危险化学品安全管理条例》第二十条规定，生产、储存危险化学品的单位，应当根据其生产、储存的危险化学品的种类和危险特性，在作业场所设置相应的监测、监控、通风、防晒、调温、防火、灭火、防爆、泄压、防毒、中和、防潮、防雷、防静电、防腐、防泄漏以及防护围堤或者隔离操作等安全设施、设备，并按照国家标准、行业标准或者国家有关规定对安全设施、设备进行经常性维护、保养，保证安全设施、设备的正常使用。生产、储存危险化学品的单位，应当在其作业场所和安全设施、设备上设置明显的安全警示标志。

《危险化学品安全管理条例》第二十一条规定，生产、储存危险化学品的单位，应当在其作业场所设置通信、报警装置，并保证处于适用状态。

《危险化学品安全管理条例》第二十八条规定，使用危险化学品的单位，其使用条件（包括工艺）应当符合法律、行政法规的规定和国家标准、行业标准的要求，并根据所使用的危险化学品的种类、危险特性以及使用量和使用方式，建立、健全使用危险化学品的安全管理规章制度和安全操作规程，保证危险化学品的安全使用。

《危险化学品安全管理条例》第二十九条规定，使用危险化学品从事生产并且使用量达到规定数量的化工企业（属于危险化学品生产企业的除外），应当依照该条例的规定取得危险化学品安全使用许可证。危险化学品使用量的数量标准，由国务院安全生产监督管理部门会同国务院公安部门、农业主管部门确定并公布。

【事故案例】

2006 年 10 月 9 日 13 时 30 分，金华某化工有限公司实验厂（主要生产氟利昂）第四班组水碱洗岗位职工颜某巡查时发现氟利昂粗品槽压力升高，通知自控室精馏操作工徐某，要对粗品槽进行放空操作，要求关注粗品槽压力情况。13 时 35 分，颜某打开粗品槽至 3 号精馏塔的气相管道阀门进行放空作业，13 时 48 分，3 号精馏塔发生爆炸（DCS 控制系统记录显示塔内压力为 1.3 MPa，该塔正常操作压力为 0.3 MPa，设计压力为 1.0 MPa），造成塔内氟利昂泄漏，同时，3 号精馏塔爆炸产生的碎片破坏了附近 1 m 远反应系统的氟化氢管线，导致氟化氢泄漏。在事故抢救和人员疏散过程中，有 13 名职工不同程度吸入和接触氢氟酸气体中毒灼伤。厂区外居民和小学生 650 人紧急疏散。

事故发生的主要原因是：实验厂在试生产期间未经公司相关部门的安全论证和设计单位的同意，为了提高产品收益率，擅自在高压料槽和低压精馏塔之间连接了一根气相管，使低压精馏塔的工艺条件发生改变，生产中该塔压力（1.3 MPa）超过设计压力（1.0 MPa）发生爆炸，导致物料泄漏。

二、《特种设备安全监察条例》简介

《特种设备安全监察条例》于 2003 年 3 月 11 日由中华人民共和国国务院令第 373 号公布，根据 2009 年 1 月 24 日《国务院关于修改〈特种设备安全监察条例〉的决定》修订，自 2009 年 5 月 1 日起施行。该条例分为总则、特种设备的生产、特种设备的使用、检验检测、监督检查、事故预防和调查处理、法律责任、附则，共八章一百零三条。

1. 适用范围

根据《特种设备安全监察条例》规定，特种设备是指涉及生命安全、危险性较大的锅炉、压力容器（含气瓶）、压力管道、电梯、起重机械、客运索道、大型游乐设施和场（厂）内专用机动车辆。特种设备的生产（含设计、制造、安装、改造、维修）、使用、检验检测及其监督检查，应当遵守该条例，但该条例另有规定的除外。军事装备、核设施、航空航天器、铁路机车、海上设施和船舶以及矿山井下使用的特种设备、民用机场专用设备的安全监察不适用该条例。房屋建筑工地和市政工程工地用起重机械、场（厂）内专用机动车辆的安装、使用的监督管理，由建设行政主管部门依照有关法律、法规的规定执行。

2. 特种设备使用单位的安全管理

《特种设备安全监察条例》第五条规定，特种设备生产、使用单位应当建立健全特种设备安全、节能管理制度和岗位安全、节能责任制度。特种设备生产、使用单位的主要负责人应当对本单位特种设备的安全和节能全面负责。

《特种设备安全监察条例》第二十五条规定，特种设备在投入使用前或者投入使用后 30 日内，特种设备使用单位应当向直辖市或者设区的市的特种设备安全监督管理部门登记。登记标志应当置于或者附着于该特种设备的显著位置。

《特种设备安全监察条例》第二十六条规定，特种设备使用单位应当建立特种设备安全技术档案。安全技术档案应当包括以下内容：

（1）特种设备的设计文件、制造单位、产品质量合格证明、使用维护说明等文件以及安装技术文件和资料。

（2）特种设备的定期检验和定期自行检查的记录。

（3）特种设备的日常使用状况记录。

（4）特种设备及其安全附件、安全保护装置、测量调控装置及有关附属仪器仪表的日常维护保养记录。

（5）特种设备运行故障和事故记录。

（6）高耗能特种设备的能效测试报告、能耗状况记录以及节能改造技术资料。

《特种设备安全监察条例》第二十七条规定，特种设备使用单位应当对在用特种设备进行经常性日常维护保养，并定期自行检查。特种设备使用单位对在用特种设备应当至少每月进行一次自行检查，并作出记录。特种设备使用单位在对在用特种设备进行自行检查和日常维护保养时发现异常情况的，应当及时处理。

特种设备使用单位应当对在用特种设备的安全附件、安全保护装置、测量调控装置及有关附属仪器仪表进行定期校验、检修，并作出记录。

《特种设备安全监察条例》第二十八条规定，特种设备使用单位应当按照安全技术规范的定期检验要求，在安全检验合格有效期届满前 1 个月向特种设备检验检测机构提出定期检验要求。

【事故案例】

2007 年 4 月 18 日 7 时 53 分，辽宁省铁岭市某特殊钢有限公司炼钢车间一台 60 t 钢水包在吊运过程中倾覆，钢水涌向一个工作间，造成正在开班前会的 32 人死亡、6 人重伤，直接经济损失达 866.2 万元。

该事故的直接原因是：吊运钢水包的起重机主钩开始进行下降作业时，由于下降接触器控制回路中的一个联锁常闭辅助触点锈蚀断开，下降接触器不能被接通，致使驱动电动机失电；由于电气系统设计缺陷，制动器未能自动抱闸，导致钢水包失控下坠；主令控制器回零后，制动器制动力矩严重不足，未能有效阻止钢水包继续失控下坠，钢水包撞击浇注台车后落地倾覆，钢水涌向被错误选定为班前会地点的工具间。

事故的间接原因包括：

（1）该特殊钢有限公司炼钢车间无正规工艺设计，未按要求选用冶金铸造专用起重机，违规在真空炉平台下方修建工具间并用于召开班前会，起重机安全管理混乱，起重机司机无特种作业人员证，车间作业现场混乱，制定的应急预案操作性不强。

（2）辽宁省某起重机器修造厂不具备生产 80 t 通用桥式起重机的资质，超许可范围制造。

（3）铁岭市特种设备监督检验所在该事故起重机制造监督检验、安装验收检验工作中未严格按照有关安全技术规范的规定进行检验。

（4）安全评价单位辽宁省石油化工规划设计院在事故起重机等特种设备技术资料不全、冶炼生产线及辅助设施存在重大安全隐患的情况下，出具了安全现状基本符合国家有关规范、标准和规定要求的结论。

（5）铁岭市质量技术监督局清河分局在对该公司的现场检查工作中未认真履行特种设备监察职责，监管不力。

（6）铁岭市清河区安全生产监管局未认真履行安全生产监察职

责，监管不力。

(7) 当地政府对安全生产工作重视不够，对存在的问题失察。

三、《工伤保险条例》简介

《工伤保险条例》于2003年4月27日由中华人民共和国国务院令第375号公布，根据2010年12月20日《国务院关于修改〈工伤保险条例〉的决定》修订，自2011年1月1日起施行。该条例共八章六十七条，内容分别为总则、工伤保险基金、工伤认定、劳动能力鉴定、工伤保险待遇、监督管理、法律责任、附则。

制定《工伤保险条例》的目的是保障因工作遭受事故伤害或者患职业病的职工获得医疗救治和经济补偿，促进工伤预防和职业康复，分散用人单位的工伤风险。

《工伤保险条例》第二条规定，中华人民共和国境内的企业、事业单位、社会团体、民办非企业单位、基金会、律师事务所、会计师事务所等组织和有雇工的个体工商户应当依照该条例规定参加工伤保险，为本单位全部职工或者雇工缴纳工伤保险费。

《工伤保险条例》第四条规定，用人单位应当将参加工伤保险的有关情况在本单位内公示。用人单位和职工应当遵守有关安全生产和职业病防治的法律法规，执行安全卫生规程和标准，预防工伤事故发生，避免和减少职业病危害。职工发生工伤时，用人单位应当采取措施使工伤职工得到及时救治。

《工伤保险条例》第五条规定，国务院社会保险行政部门负责全国的工伤保险工作。县级以上地方各级人民政府社会保险行政部门负责本行政区域内的工伤保险工作。社会保险行政部门按照国务院有关规定设立的社会保险经办机构具体承办工伤保险事务。

【事故案例】

陈某系某钢铁公司职工，平时下班很晚。2008 年 10 月的一天，陈某下班准备坐公交车回家，当时站在马路边上等车，而没有站在候车线内。就在陈某等车的时候，突然侧面驶来一辆电瓶车将其撞倒在地，陈某身体多处受伤。后经交通部门认定，电瓶车驾驶人员张某当时喝醉了酒，故认定张某对本次事故负全部责任。由于张某没有赔偿能力，陈某欲通过工伤程序获得赔偿，而当陈某向劳动部门申请工伤认定时，劳动部门以电瓶车属非机动车为由，认为陈某所受的伤害为非机动车事故，故不认定为工伤。

而根据《工伤保险条例》第十四条的规定，职工有下列情形之一的，应当认定为工伤：在上下班途中，受到非本人主要责任的交通事故或者城市轨道交通、客运轮渡、火车事故伤害的。因此，陈某应当被认定为工伤。

四、《生产安全事故报告和调查处理条例》简介

2007 年 3 月 28 日，国务院第 172 次常务会议通过《生产安全事故报告和调查处理条例》，自 2007 年 6 月 1 日起施行。制定该条例的目的是规范生产安全事故的报告和调查处理，落实生产安全事故责任追究制度，防止和减少生产安全事故。

该条例适用于生产经营活动中发生的造成人身伤亡或者直接经济损失的生产安全事故的报告和调查处理，不适用于环境污染事故、核设施事故、国防科研生产事故的报告和调查处理。生产安全事故分为特别重大事故、重大事故、较大事故和一般事故。

该条例第九条规定，事故发生后，事故现场有关人员应当立即向本单位负责人报告；单位负责人接到报告后，应当于 1 h 内向事故发

生地县级以上人民政府安全生产监督管理部门和负有安全生产监督管理职责的有关部门报告。情况紧急时，事故现场有关人员可以直接向事故发生地县级以上人民政府安全生产监督管理部门和负有安全生产监督管理职责的有关部门报告。

该条例第十六条规定，事故发生后，有关单位和人员应当妥善保护事故现场以及相关证据，任何单位和个人不得破坏事故现场、毁灭相关证据。因抢救人员、防止事故扩大以及疏通交通等原因，需要移动事故现场物件的，应当设置标志，绘制现场简图并作出书面记录，妥善保存现场重要痕迹、物证。

该条例第十九条规定，特别重大事故由国务院或者国务院授权有关部门组织事故调查组进行调查。重大事故、较大事故、一般事故分别由事故发生地省级人民政府、设区的市级人民政府、县级人民政府负责调查。省级人民政府、设区的市级人民政府、县级人民政府可以直接组织事故调查组进行调查，也可以授权或者委托有关部门组织事故调查组进行调查。未造成人员伤亡的一般事故，县级人民政府也可以委托事故发生单位组织事故调查组进行调查。

第四节　冶金安全生产部门规章简介

一、《建设项目安全设施“三同时”监督管理办法》简介

2015 年 4 月 2 日，国家安全生产监督管理总局公布修正的《建设项目安全设施“三同时”监督管理办法》（国家安全生产监督管理总局令第 77 号），自 2015 年 5 月 1 日起施行。制定《建设项目安全设施“三同时”监督管理办法》的目的是加强建设项目安全管理，

预防和减少生产安全事故，保障从业人员生命和财产安全。

该办法共六章三十三条，适用于经县级以上人民政府及其有关主管部门依法审批、核准或者备案的生产经营单位新建、改建、扩建工程项目安全设施的建设及其监督管理。法律、行政法规及国务院对建设项目安全设施建设及其监督管理另有规定的，依照其规定。

《建设项目安全设施“三同时”监督管理办法》的主要内容包括：建设项目安全设施“三同时”监管的职权划分、建设项目安全预评价、建设项目安全设施设计审查、建设项目安全设施施工和竣工验收、法律责任。

二、《冶金企业安全生产监督管理规定》简介

2009 年 9 月 8 日，国家安全生产监督管理总局令第 26 号公布了《冶金企业安全生产监督管理规定》，自 2009 年 11 月 1 日起施行。该规定共五章三十九条，目的是加强冶金企业安全生产监督管理工作，防止和减少生产安全事故和职业危害，保障从业人员的生命安全与健康。

该规定适用于从事炼铁、炼钢、轧钢、铁合金生产作业活动和钢铁企业内与主工艺流程配套的辅助工艺环节的安全生产及其监督管理。焦化、氧气及相关气体制备、煤气生产（不包括回收）等危险化学品生产单位应当按照国家有关规定，取得危险化学品生产企业安全生产许可证。

该规定第六条提出，冶金企业应当建立健全安全生产责任制和安全生产管理制度，完善各工种、岗位的安全技术操作规程。

该规定第十四条提出，冶金企业应当对本单位存在的各类危险源进行辨识，实行分级管理。对于构成重大危险源的，应当登记建档，进行定期检测、评估和监控，并报安全生产监督管理部门备案。

该规定第十五条提出，冶金企业应当按照国家有关规定，加强职业危害的防治与职业健康监护工作，采取有效措施控制职业危害，保证作业场所的职业卫生条件符合法律、行政法规和国家标准或者行业标准的规定。

该规定第十六条提出，冶金企业应当建立隐患排查治理制度，开展安全检查；对检查中发现的事故隐患，应当及时整改；暂时不能整改完毕的，应当制订具体整改计划，并采取可靠的安全保障措施。检查及整改情况应当记录在案。

该规定第十九条提出，冶金企业应当建立健全事故应急救援体系，制定相应的事故应急预案，配备必要的应急救援装备与器材，定期开展应急宣传、教育、培训、演练，并按照规定对事故应急预案进行评审和备案。

该规定第二十八条提出，冶金企业应当定期对安全设备设施和安全保护装置进行检查、校验。对超过使用年限和不符合国家产业政策的设备，及时予以报废。对现有设备设施进行更新或者改造的，不得降低其安全技术性能。

该规定第二十九条提出，冶金企业从事检修作业前，应当制定相应的安全技术措施及应急预案，并组织落实。对危险性较大的检修作业，其安全技术措施和应急预案应当经本单位负责安全生产管理的机构审查同意。在可能发生火灾、爆炸的区域进行动火作业，应当按照有关规定执行动火审批制度。

【事故案例】

2013 年 12 月 4 日，某钢铁公司焊管钢丝厂冷带车间成品班纵剪组上早班，车间调度安排将焊管料（81 mm×1.0 mm）剪切成打包带（30 mm×1.0 mm），纵剪工刘某开操作台，另一名纵剪工韩某在剪切机出料端整理边丝。当两人共同剪完两卷料后，8 时 40 分左右，由于剪切的边丝缠住万向轴，两人将万向轴安全防护罩搬移，处理缠住的边丝。处理完后 9 时 40 分左右，韩某离开去领取新的刀片。9 时 50 分左右，在未将万向轴安全防护罩恢复原状的情况下，刘某一人操作纵剪机，根据现场情况分析，刘某可能发现打包带边丝有偏差，于是走到纵剪机旁，从纵剪机出料端伸手越过万向轴到进料端去调整进料导位（正确操作应是人站在进料端调整导位），所穿工作服衣角被万向轴接手绞住致使身体卷入万向轴，导致死亡。

事故的直接原因：操作者违反《冷带车间纵剪工安全技术操作规程》“剪切机在开动前，必须详细检查剪切机各部件是否完好，防护罩是否装好，确认一切正常方可通知共同操作人员准备开车”之规定，违章作业，万向轴防护罩在处理边丝缠绕时被移开，处理结束后未及时恢复且在无共同作业人员的情况下开启设备，冒险靠近运行中的万向轴。

事故的间接原因：防护罩存在缺陷，不能防止边丝缠绕万向轴，没有与主机实现联锁保护；现场监管没有到位，剪切机的防护罩被操作人员取下处理完边丝后未恢复就重新开机作业的现象无人发现。

三、《企业安全生产风险公告六条规定》简介

《企业安全生产风险公告六条规定》经 2014 年 11 月 24 日国家安全生产监督管理总局局长办公会议审议通过，自 2014 年 12 月 10 日起施行。具体包括：

（1）必须在企业醒目位置设置公告栏，在存在安全生产风险的

岗位设置告知卡，分别标明本企业、本岗位主要危险危害因素、后果、事故预防及应急措施、报告电话等内容。

（2）必须在重大危险源、存在严重职业病危害的场所设置明显标志，标明风险内容、危险程度、安全距离、防控办法、应急措施等内容。

（3）必须在有重大事故隐患和较大危险的场所和设施设备上设置明显标志，标明治理责任、期限及应急措施。

（4）必须在工作岗位标明安全操作要点。

（5）必须及时向员工公开安全生产行政处罚决定、执行情况和整改结果。

（6）必须及时更新安全生产风险公告内容，建立档案。

第五节　冶金安全生产规程简介

一、《炼铁安全规程》简介

《炼铁安全规程》（AQ 2002—2004）自2005年3月1日起实施。该规程充分考虑了炼铁生产工艺的特点（除存在通常的机械、电气、运输、起重等方面的危险因素外，还存在易燃易爆和有毒有害气体、高温热源、金属液体、尘毒、放射源等方面的危险、有害因素），适用于炼铁厂的设计、设备制造、施工安装、生产和设备检修。

该规程主要包括：安全管理，厂址选择和厂区布置，一般规定，供上料系统，炉顶设备，高炉主体构造和操作，喷吹煤粉，富氧鼓风，热风炉和荒煤气系统，炉前出铁场和炉台构筑物，渣、铁处理，铸铁机，碾泥机，通信、信号、仪表和计算机，电气、起重设备，设备检修。

二、《炼钢安全规程》简介

《炼钢安全规程》(AQ 2001—2004)自2005年3月1日起实施。该规程充分考虑了炼钢生产工艺的特点(与炼铁生产工艺相同),适用于炼钢厂的设计、设备制造、施工安装、生产和设备检修。

该规程主要包括:安全管理,厂(车间)位置的选择与布置,厂房及其内部建、构筑物,原材料,炼钢相关设备,氧气转炉,电炉,炉外精炼,钢水浇注,动力供应与管线,炉渣,修炉。

三、《轧钢安全规程》简介

《轧钢安全规程》(AQ 2003—2004)自2005年3月1日起实施。该规程充分考虑了轧钢生产工艺的特点(与炼铁生产工艺相同),适用于轧钢厂的设计、设备制造、施工安装、生产和设备检修。

该规程主要包括:安全管理,厂区布置与厂房建筑,危险场所与防火,基本规定,加热,轧制,镀涂、清洗和精整,起重与运输,电气安全与照明。

四、《工业企业厂内铁路、道路运输安全规程》简介

《工业企业厂内铁路、道路运输安全规程》(GB 4387—2008)自2009年10月1日起实施。该规程适用于工业企业厂内铁路、道路的运输,矿山和物资仓库的铁路和道路运输亦可参照使用,不适用于林场、建筑工地以及铁道、交通、公安部门管辖的铁路和道路运输;适用于工业企业标准轨距铁路道口,不适用于矿山、林区、国家铁路、地方铁路的铁路道口。

该规程主要包括:基本要求,铁路运输(铁路运输设施,铁路限界、线路间距及线路有关距离,信号、安全标志,道口,列车运行

和调车作业的要求，液体金属、熔渣和高温货物的运输，危险货物的运输，线路维修和安全防护），道路运输（厂内道路、车辆、车辆装载、机动车行驶、机动车驾驶员），道口安全（道口分级，基本要求，道口设置，道口安全设施的配备及看守，道口信号设施，道口标志、护桩和标线）。

五、《工业企业煤气安全规程》简介

《工业企业煤气安全规程》（GB 6222—2005）自 2006 年 7 月 1 日起实施。该规程适用于工业企业厂区内的发生炉、水煤气炉、半水煤气炉、高炉、焦炉、直立连续式炭化炉、转炉等煤气及压力小于或等于 12×10^{5} Pa 的天然气（不包括开采和厂外输配）的生产、回收、输配、储存和使用设施的设计、制造、施工、运行、管理和维修等，不适用于城市煤气市区干管、支管和庭院管网及调压设施、液化石油气等。

该规程主要包括：基本要求，煤气生产、回收与净化，煤气管道（含天然气管道），煤气管道设备与附属装置，煤气加压站与混合站，煤气柜，煤气设施的操作与检修，煤气事故处理，煤气调度室与煤气防护站。

六、《深度冷冻法生产氧气及相关气体安全技术规程》简介

《深度冷冻法生产氧气及相关气体安全技术规程》（GB 16912—2008）自 2009 年 10 月 1 日起实施。该规程适用于新建、扩建和改建的采用深度冷冻法生产氧气及相关气体的单位，规定了工业氧气及相关气体的生产（含设计、制造、安装、改造、维修）、储存、输配和使用中应遵守的安全要求。

该规程主要包括：基本要求，生产运行和设备的一般要求，氧气

生产和设备，相关气体生产和设备，氧气管道，检修维修，氧气使用，职业保护。

七、《烧结球团安全规程》简介

《烧结球团安全规程》（AQ 2025—2010）自2011年5月1日起实施。该规程适用于烧结球团厂（或车间）的设计、设备制造、施工安装、验收以及生产和检修。

该规程主要包括：总则，基本规定，厂区布置与厂房建筑，生产工艺（原料、配料、混合、烧结、球团），电器安全与照明，起重与运输，工业卫生。

八、《耐火材料生产安全规程》简介

《耐火材料生产安全规程》（AQ 2023—2008）自2009年1月1日起实施。该规程适用于耐火材料厂（或车间）的设计、设备制造、施工安装、验收以及生产和检修，规定了耐火材料安全生产的技术要求。

该规程主要包括：总则，基本规定，厂址选择、厂区布置及厂房，生产工艺，动力供应及管线，工业卫生。

九、《焦化安全规程》简介

《焦化安全规程》（GB 12710—2008）自2009年12月1日起实施。该规程适用于各种类型焦化厂新建、扩建和改造工程项目的设计、施工与验收，以及现有设施的生产、维护、检修和管理，规定了焦化厂安全生产的有关要求。

该规程主要包括：基本要求，厂址、厂区、厂房，消防设施，电气设施，化工装置，备煤，炼焦，煤气净化，粗苯加工，焦油加工，焦炉煤气制甲醇，油品、酸、碱装卸及运输，检修，工业卫生。

第三章 安全生产管理知识

第一节 安全生产责任制

一、建立安全生产责任制的重要性

安全生产责任制是指按照安全生产方针和“管生产的同时必须管安全”的原则，将各级负责人员、各职能部门及其工作人员和各岗位生产人员在安全生产方面应做的事情和应负的责任加以明确规定的一种制度。

安全生产责任制是生产经营单位岗位责任制和经济责任制度的重要组成部分，是生产经营单位各项安全生产规章制度的核心，同时也是生产经营单位最基本的安全管理制度。

建立安全生产责任制的目的，一方面是增强生产经营单位各级负责人员、各职能部门及其工作人员和各岗位人员对安全生产的责任感；另一方面是明确生产经营单位中各级负责人员、各职能部门及其工作人员和各岗位生产人员在安全生产中应履行的职能和应承担的责任，以充分调动各级人员和各部门在安全生产方面的积极性和主观能动性，确保安全生产。

建立安全生产责任制的重要意义主要体现在两方面：一是落实我

国安全生产方针和有关安全生产法规和政策的具体要求。依据《安全生产法》第四条的规定，生产经营单位必须遵守该法和其他有关安全生产的法律、法规，加强安全生产管理，建立、健全安全生产责任制和安全生产规章制度，改善安全生产条件，推进安全生产标准化建设，提高安全生产水平，确保安全生产。二是通过明确责任使各级各类人员真正重视安全生产工作，对预防事故和减少损失、进行事故调查和处理、建立和谐社会等均具有重要作用。

生产经营单位是安全生产的责任主体，生产经营单位必须建立安全生产责任制，把“安全生产、人人有责”从制度上固定下来，生产经营单位法定代表人要切实履行本单位安全生产第一责任人的职责，把安全生产的责任落实到每个环节、每个岗位、每个人，从而增强各级管理人员的责任心，使安全管理工作既做到责任明确，又互相协调配合，共同努力把安全生产工作真正落到实处。

二、安全生产责任制的基本要求

生产经营单位的安全生产责任制应当明确各岗位的责任人员、责任范围和考核标准等内容。生产经营单位应当建立相应的机制，加强对安全生产责任制落实情况的监督考核，保证安全生产责任制的落实。

1. 安全生产责任制的主要内容

建立完善的安全生产责任制的总体要求是横向到边、纵向到底，并由生产经营单位主要负责人组织建立。其主要内容包括两个方面：

(1) 纵向方面，即从上到下所有类型人员的安全生产职责。在建立责任制时，可首先将本单位从主要负责人一直到岗位工人分成相应的层级；然后结合本单位的实际工作，对不同层级的人员在安全生产中应承担的职责作出规定。

（2）横向方面，即各职能部门（包括党、政、工、团）的安全生产职责。在建立责任制时，可按照本单位职能部门的设置（如安全、设备、技术、生产、人事、培训、宣传、工会等），分别对其在安全生产中应承担的职责作出规定。

2．安全生产责任制的相关人员

（1）生产经营单位主要负责人。生产经营单位主要负责人是本单位安全生产的第一责任人，对安全生产工作全面负责。

（2）生产经营单位其他负责人。生产经营单位其他负责人在各自职责范围内，协助主要负责人搞好安全生产工作。

（3）生产经营单位各职能部门负责人及其工作人员。各职能部门负责人的职责是按照本部门的安全生产职责，组织有关人员做好本部门安全生产责任制的落实，并对本部门职责范围内的安全生产工作负责。各职能部门的工作人员则是在本人职责范围内做好有关安全生产工作，并对自己职责范围内的安全生产工作负责。

（4）班组长。班组是搞好生产经营单位安全生产工作的关键。班组长全面负责本班组的安全生产工作，是安全生产法律、法规和规章制度的直接执行者。班组长的主要职责是贯彻执行本单位对安全生产的规定和要求，督促本班组的工人遵守有关安全生产规章制度和安全操作规程，切实做到不违章指挥、不违章作业，遵守劳动纪律。

（5）岗位工人。岗位工人对本岗位的安全生产负直接责任。岗位工人的主要职责是要接受安全生产教育和培训，遵守有关安全生产规章和安全操作规程，遵守劳动纪律，不违章作业。特种作业人员必须接受专门的培训，经考试合格取得操作资格证书方可上岗作业。

三、生产经营单位主要负责人的安全职责

根据《安全生产法》第十八条的规定，生产经营单位主要负责人对本单位安全生产工作负有下列职责：

（1）建立、健全本单位安全生产责任制。

（2）组织制定本单位安全生产规章制度和操作规程。

（3）组织制订并实施本单位安全生产教育和培训计划。

（4）保证本单位安全生产投入的有效实施。

（5）督促、检查本单位的安全生产工作，及时消除生产安全事故隐患。

（6）组织制定并实施本单位的生产安全事故应急救援预案。

（7）及时、如实报告生产安全事故。

冶金企业可根据上述要求，结合本单位的实际情况对主要负责人的职责作出具体规定。

四、生产经营单位安全生产管理人员的安全职责

根据《安全生产法》第二十一条的规定，矿山、金属冶炼、建筑施工、道路运输单位和危险物品的生产、经营、储存单位，应当设置安全生产管理机构或者配备专职安全生产管理人员。

根据《安全生产法》第二十二条的规定，生产经营单位安全生产管理机构以及安全生产管理人员履行下列职责：

（1）组织或者参与拟订本单位安全生产规章制度、操作规程和生产安全事故应急救援预案。

(2) 组织或者参与本单位安全生产教育和培训，如实记录安全生产教育和培训情况。

(3) 督促落实本单位重大危险源的安全管理措施。

(4) 组织或者参与本单位应急救援演练。

(5) 检查本单位的安全生产状况，及时排查生产安全事故隐患，提出改进安全生产管理的建议。

(6) 制止和纠正违章指挥、强令冒险作业、违反操作规程的行为。

(7) 督促落实本单位安全生产整改措施。

五、车间安全员和班组安全员的安全生产职责

1. 车间安全员的安全生产职责

(1) 在车间主任的领导下，负责车间的安全生产工作，协助车间主任贯彻上级安全生产的指示和规定，并检查督促执行。

(2) 负责或参与制定车间有关安全生产管理制度和安全技术操作规程，并检查执行情况。

(3) 做好职工的安全思想、安全技术教育与考核工作，负责新入厂人员的二级安全教育，督促检查班组岗位三级教育。

(4) 负责编制车间安全技术措施计划和隐患整改方案，并负责及时上报和检查落实。

(5) 负责车间安全设备、灭火器材、防护用品和急救器具的管理，落实设备装置检修停工、开工的安全措施。

(6) 负责日常安全检查工作，及时发现隐患，制止违章行为。

2. 班组安全员的安全生产职责

（1）协助班组长做好本班组安全工作，包括班前安全布置、班中安全检查、班后安全总结等。

（2）组织开展本班组各种安全活动，认真做好安全活动日记录，提出改进安全工作的意见和建议。

（3）对新工人进行岗位安全教育。

（4）检查督促班组人员合理使用劳动防护用品、消防器材。

（5）严格执行有关安全生产的各项规章制度，对违章作业有权制止，并及时报告。

（6）及时了解事故发生情况，维护好现场，并及时向领导报告。

六、岗位工人的安全生产职责

岗位工人的安全生产职责主要有：

（1）认真学习和严格遵守各项规章制度，不违反劳动纪律，不违章作业，对本岗位的安全生产负直接责任。

（2）精心操作，严格执行工作纪律，做好各项记录。交接班必须交接安全情况。

（3）正确分析、判断和处理各种事故隐患，把事故消灭在萌芽状态，如发生事故要正确处理，及时、如实地向上级报告，并保护现场，做好详细记录。

（4）按时认真进行巡回检查，发现异常情况及时处理和报告。

（5）正确操作，精心维护设备，保持作业环境整洁，搞好文明生产。

（6）上岗必须按规定着装，妥善保管和正确使用各种防护器具和灭火器材。

(7) 积极参加各种安全活动。

(8) 有权拒绝违章作业的指令，对他人违章作业加以劝阻和制止。

【法律知识】

《刑法》第一百三十四条规定，在生产、作业中违反有关安全管理的规定，因而发生重大伤亡事故或者造成其他严重后果的，处三年以下有期徒刑或者拘役；情节特别恶劣的，处三年以上七年以下有期徒刑。

《刑法》第一百三十六条规定，违反爆炸性、易燃性、放射性、毒害性、腐蚀性物品的管理规定，在生产、储存、运输、使用中发生重大事故，造成严重后果的，处三年以下有期徒刑或者拘役；后果特别严重的，处三年以上七年以下有期徒刑。

【事故案例】

2014 年 3 月 24 日 11 时 20 分，唐山某钢铁有限公司炼钢厂连铸车间发生一起机械伤害事故，造成 1 人死亡，直接经济损失达 90 万元。

3 月 24 日 7 时 20 分，唐山某钢铁有限公司炼钢厂天车组组长谷某组织天车组人员召开班前会，强调了安全注意事项，会后天车工到各自岗位开始接班。10 时 50 分，正在炼钢厂连铸车间出坯跨驾驶 15 号天车吊运钢坯的天车工张某发现 15 号天车的小车移动速度慢，立即打电话报告给谷某，谷某说一会儿安排电工检查一下，张某驾驶的 15 号天车继续工作。11 时 15 分，炼钢厂连铸车间出坯跨 16 号天车的天车工李某驾驶天车由北向南行驶时，发现出坯跨钢渣热闷岗位天车工王某站在出坯跨西侧天车蹬车平台入口处招手喊她，与此同时，也发现同轨道的15号天车正吊运钢坯由北向南行驶，李某为了给15号天车让开通道，就将16号天车行驶到车间南端，准备等15号天车卸完钢坯向北行驶离开后，再驾驶16号天车到天车蹬车平台入口处接王某。11时20分，李某将16号天车停在车间南端后望向王某，看见王某站在出坯跨西侧天车蹬车平台入口处，身体越线，被由北向南行驶的15号天车西侧端梁刮碰，身体被挤压在天车西侧端梁与轨道护栏之间受伤。

事故发生后，李某立即喊15号天车停车并告诉张某15号天车把王某挤伤。谷某打电话报告给天车作业长刘某，刘某通知了公司医务室急救车。11时26分，急救车赶到，谷某和刘某将王某抬上急救车，送至丰润区人民医院抢救。14时，王某经抢救无效死亡。

事故的直接原因是：该钢铁公司炼钢厂连铸车间出坯跨钢渣热闷岗位天车工王某忽视安全，违反安全管理规定，未经批准擅自登上炼钢厂连铸车间出坯跨西侧天车蹬车平台站在入口处，身体越线，造成被15号天车剐碰挤压。

事故的间接原因有：一是该钢铁公司安全管理不到位，安全管理人员安全意识淡薄，未尽到安全管理职责，安全检查走过场，隐患排查不力，起重机械在吊运物品过程中未安排专人进行现场安全管理，天车蹬车平台入口处未设置相关的警示标志，未能及时发现和有效制止作业人员的违章行为；二是该钢铁公司安全教育培训不到位，未教育和督促作业人员严格按安全管理规定作业，导致职工安全知识缺乏，安全意识淡薄，忽视安全，违反安全管理规定，随意离岗、串岗，擅自进入严禁进入的危险场所。

第二节　安全生产规章制度

一、安全生产规章制度的管理

安全生产规章制度是生产经营单位贯彻国家有关安全生产法律法规、国家和行业标准，贯彻国家安全生产方针政策的行动指南，是生产经营单位有效防范生产、经营过程中安全生产风险，保障从业人员安全和健康，加强安全生产管理的重要措施。

生产经营单位应每年编制安全生产规章制度制定、修订的工作计划。安全生产规章制度的制定一般包括起草、会签、审核、签发、发布五个流程。

安全生产规章制度由负有安全生产管理职能的部门负责起草，应在送交相关领导签发前征求有关部门的意见。安全生产规章制度在签发前，应进行审核。安全生产规章制度应采用固定的发布方式，如通过红头文件的形式、在单位内部办公网络发布等。发布的范围应覆盖与制度相关的部门及人员。

安全生产规章制度发布后，生产经营单位应组织有关人员进行学习和培训，对安全操作类安全生产规章制度，还应组织相关人员进行考核，考试合格后才能上岗作业。安全生产规章制度日常管理的重点是执行过程中的动态检查，确保得到贯彻落实。

安全生产经营单位应每年对安全生产规章制度进行一次修订，并公布现行有效的安全生产规章制度清单。对安全操作规程类安全生产规章制度，除每年进行一次修订外，3～5 年应组织进行一次全面修订，并重新印刷。

二、安全生产规章制度的种类

安全生产规章制度很多，一般由综合安全管理制度、人员安全管理制度、设备设施安全管理制度、环境安全管理制度组成。

1．综合安全管理制度

主要包括：

（1）安全生产责任制度。

（2）安全措施和费用管理制度。

（3）重大危险源管理制度。

（4）危险物品使用管理制度。

（5）隐患排查和治理制度。

（6）事故调查报告处理制度。

（7）消防安全管理制度。

（8）安全奖惩制度。

2．人员安全管理制度

主要包括：

（1）安全教育培训制度。

（2）特种作业人员管理制度。

（3）劳动防护用品发放使用和管理制度。

（4）岗位安全规范。

（5）职业健康检查制度。

3．设备设施安全管理制度

主要包括：

（1）“三同时”制度。

（2）定期巡视检查制度。

(3) 定期维护检修制度。

(4) 定期检测、检验制度。

(5) 安全操作规程。

4. 环境安全管理制度

主要包括:

(1) 安全标志管理制度。

(2) 作业环境管理制度。

(3) 工业卫生管理制度。

【事故案例】

2015 年 5 月 21 日 23 时 20 分，福建某钢铁有限公司炼钢厂二期石灰窑车间配电室内发生一起煤气泄漏伤亡事故，造成 1 人死亡、3 人受伤。

5 月 21 日 23 时 10 分，炼钢厂电工林某、江某 2 人到炼钢厂石灰窑车间配电室打扫卫生做交接班。23 时 20 分，林某打扫完一期配电室后，到二期配电室时发现江某晕倒在配电室第一道走廊（靠近墙面窗户处，廊宽 1.2 m)，当即林某跑到隔壁的主控室通知当班工长孙某及主控工罗某，并让罗某打电话向车间主任宣某和电气备件员夏某报告。随后林某、孙某等人将江某抬到配电室门口进行人工抢救，并将江某抬上夏某开来的车。此时，林某、孙某 2 人也出现眩晕状况，随即 2 人也被扶上了车一并送往县医院进行抢救。到达县医院后，江某经抢救无效死亡，死亡原因为呼吸循环衰竭。孙某、林某、罗某 3 人受轻伤。

事故的直接原因是：该钢铁公司炼钢厂组织事故应急救援工作不到位，对现场作业人员施救不力，指挥不当，安全管理缺失，导致

3 名施救人员在施救过程中轻度煤气中毒。炼钢厂石灰窑车间煤气排放处置存在事故隐患，隐患排查不到位。配电室电缆沟的入口处未封堵，与地下暗沟相连，波动、超压、冲出水封的高炉煤气，从这个未封堵的电缆进线口透过铁盖板进入配电间，导致江某在配电室内打扫卫生时因煤气泄漏中毒死亡。

事故的间接原因是：该钢铁公司安全投入不足，煤气探测报、预警等安全防护措施和相关管理制度缺失，安全隐患排查治理不到位，尤其是企业安全教育培训不到位，员工安全防范意识薄弱，缺乏避险逃生技能培训，作业现场安全防范措施缺失，应急处置不到位。

第三节　安全生产标准化建设

一、安全生产标准化的定义和作用

1. 安全生产标准化的定义

安全生产标准化是指通过建立安全生产责任制，制定安全管理制度和操作规程，排查治理隐患和监控重大危险源，建立预防机制，规范生产行为，使各生产环节符合有关安全生产法律法规和标准规范的要求，人、机、物、环处于良好的生产状态，并持续改进，不断加强企业安全生产规范化建设。

安全生产标准化建设是指采用科学的方法和手段，提高人的安全意识，创造人的安全环境，规范人的安全行为，使人、机、物、环达到最佳统一，从而实现最大限度地防止和减少伤亡事故的目的。安全生产标准化建设的面很广，既涉及人的思想，又涉及人的行为，还涉及人所从事的环境，所管理的机械设备、物体材料等方面的内容。

2. 安全生产标准化的作用

为全面推进企业安全生产标准化工作，国家安全生产监督管理总局于2010年4月发布了《企业安全生产标准化基本规范》（AQ/T 9006—2010），自2010年6月1日正式实施。2010年7月，国务院印发了《关于进一步加强企业安全生产工作的通知》（国发〔2010〕23号），其中第七条明确提出要全面开展安全达标。深入开展以岗位达标、专业达标和企业达标为内容的安全生产标准化建设，凡在规定时间内未实现达标的企业要依法暂扣其生产许可证、安全生产许可证，责令停产整顿；对整改逾期未达标的，地方政府要依法予以关闭。

企业建设安全生产标准化的作用包括：

（1）可建立企业动态安全管理系统，落实安全生产主体责任。

（2）可通过对企业各生产环节的风险辨识、预控，最大限度地消除事故隐患。

（3）可提高安全管理水平，提升企业本质安全，建立自我约束、持续改进的安全生产长效机制。

（4）各级安监部门通过督促和推进，能落实安全监管主体责任，促进安全专项整治，实现依法监管、科学监管，有效遏制重、特大事故发生。

二、安全生产标准化建设的主要内容

根据《企业安全生产标准化基本规范》（AQ/T 9006—2010），安全生产标准化核心要求见表3—1。

表3—1　　安全生产标准化核心要求

序号	一级要素	二级要素
1	目标	
2	组织机构和职责	组织机构
		职责
3	安全生产投入	
4	法律法规与安全管理制度	法律法规、标准规范
		规章制度
		操作规程
		评估
		修订
		文件和档案管理
5	教育培训	教育培训管理
		安全生产管理人员教育培训
		操作岗位人员教育培训
		其他人员教育培训
		安全文化建设
6	生产设备设施	生产设备设施建设
		设备设施运行管理
		新设备设施验收及旧设备拆除、报废
7	作业安全	生产现场管理和生产过程控制
		作业行为管理
		警示标志
		相关方管理
		变更

续表

序号	一级要素	二级要素
8	隐患排查和治理	隐患排查
		排查范围与方法
		隐患治理
		预测预警
9	重大危险源监控	辨识与评估
		登记建档与备案
		监控与管理
10	职业健康	职业健康管理
		职业危害告知和警示
		职业危害申报
11	应急救援	应急机构和队伍
		应急预案
		应急设施、装备、物资
		应急演练
		事故救援
12	事故报告、调查和处理	事故报告
		事故调查和处理
13	绩效评定和持续改进	绩效评定
		持续改进

三、安全生产标准化建设的步骤

企业安全生产标准化工作采用“策划、实施、检查、改进”动态循环的模式，依据 AQ/T 9006—2010 标准的要求，结合自身特点，建立并保持安全生产标准化系统。通过自我检查、自我纠正和自我完善，建立安全绩效持续改进的安全生产长效机制。

建设安全生产标准化的步骤包括：

（1）准备阶段：确定企业安全生产标准化的目标，并对企业安全管理现状进行初始评估。

（2）策划阶段：根据相关实施指南，建立安全生产标准化系统的内容。

（3）实施与运行阶段：落实安全生产标准化系统的各项要求，提供有效运行的必要资源。

（4）评价阶段：对实施情况进行检查和内部评价，提出完善措施。

（5）改进与提高阶段：根据评价的结果，改进安全生产标准化系统，不断提高安全绩效。

四、安全生产标准化的考评方式

安全生产标准化的考评方式包括：

（1）内部考评。即由企业安全员进行内部的安全生产标准化考核评级，自己打分考核评级，发现问题进行及时整改。

（2）高层考评。由企业主要负责人召开高层考评会议，对内部考评的结果进行分析，提出意见，决定是否向有关机构提出进行外部考核评级。

（3）外部考核评级。安全生产标准化评审分为一级、二级、三级，一级为最高。安全生产监督管理部门对评审定级进行监督管理。

五、全国冶金等工贸企业安全生产标准化考评办法

为进一步规范和推进冶金等工贸企业安全生产标准化建设工作，

国家安全生产监督管理总局于2011年发布了《全国冶金等工贸企业安全生产标准化考评办法》。

该办法所称冶金等工贸企业，是指冶金、有色、建材、机械、轻工、纺织、烟草、商贸等行业企业。企业安全生产标准化考评采取自评、申请、评审、审核公告、颁发证书和牌匾的方式进行。

安全生产标准化企业分为一级企业、二级企业和三级企业。一级企业由国家安全生产监督管理总局审核公告；二级企业由企业所在地省（自治区、直辖市）及新疆生产建设兵团安全生产监督管理部门审核公告；三级企业由所在地设区的市（州、盟）安全生产监督管理部门审核公告。

评审依据相应的评定标准（或评分细则）采用评分的方式进行，满分为100分，评审标准如下：

（1）一级：评审评分大于等于90分（大型集团公司90%以上的成员企业评审评分大于等于90分）。

（2）二级：评审评分大于等于75分（集团公司80%以上的成员企业评审评分大于等于75分）。

（3）三级：评审评分大于等于60分。

（4）评定标准满分不为100分的，按100分制折算。

安全生产标准化考评程序包括：

（1）企业自评：企业成立自评机构，按照评定标准的要求进行自评，形成自评报告。企业自评可以邀请专业技术服务机构提供支持。

（2）申请评审：企业根据自评结果，经相应的安全生产监督管理部门同意后，提出书面评审申请。申请安全生产标准化一级企业的，经所在地省级安全监管部门同意后，向一级企业评审组织单位提出申请；申请安全生产标准化二级企业的，经所在地市级安全监管部门同意后，向所在地省级安全监管部门或二级企业评审组织单位提出申请；申请安全生产标准化三级企业的，经所在地县级安全监管部门同意后，向所在地市级安全监管部门或三级企业评审组织单位提出申请。

符合申请要求的，通知相关评审单位组织评审；不符合申请要求的，书面通知申请企业，并说明理由。由评审组织单位受理申请的，评审组织单位对申请进行初步审查，报请审核公告的安全监管部门核准同意后，方可通知相关评审单位组织评审。

（3）评审与报告：评审单位收到评审通知后，应按照相关评定标准的要求进行评审。评审完成后，经申请受理单位初步审查后，将符合要求的评审报告，报送审核公告的安全监管部门；对于不符合要求的评审报告，书面通知评审单位，并说明理由。

评审结果未达到企业申请等级的，经申请企业同意，限期整改后重审；或根据评审实际达到的等级，向相应的安全监管部门申请审核。评审工作应在收到评审通知之日起 3 个月内完成（不含企业整改时间）。

（4）审核与公告：审核公告的安全监管部门对提交的评审报告进行审核，对符合标准的企业予以公告；对不符合标准的企业，书面通知申请受理单位，并说明理由。

（5）颁发证书和牌匾：经公告的企业，由安全监管部门或指定的评审组织单位颁发相应等级的安全生产标准化证书和牌匾。证书和牌匾由国家安全生产监督管理总局统一监制、统一编号。

安全生产标准化企业证书和牌匾有效期为3年。期满前3个月，企业可按规定申请延期，换发证书、牌匾。

【相关知识】

国家安全生产监督管理总局为进一步加大冶金企业安全生产标准化工作力度，依据《国务院关于进一步加强企业安全生产工作的通知》和《企业安全生产标准化基本规范》，已经制定了一系列冶金、有色金属企业安全生产标准化考评办法，包括：

(1)《冶金企业安全生产标准化评定标准（炼铁)》。

(2)《冶金企业安全生产标准化评定标准（炼钢)》。

(3)《冶金企业安全生产标准化评定标准（轧钢)》。

(4)《冶金企业安全生产标准化评定标准（煤气)》。

(5)《冶金企业安全生产标准化评定标准（焦化)》。

(6)《冶金企业安全生产标准化评定标准（烧结球团)》。

(7)《冶金企业安全生产标准化评定标准（铁合金)》。

(8)《有色重金属冶炼企业安全生产标准化评定标准》。

(9)《有色金属压力加工企业安全生产标准化评定标准》。

第四节　安全生产教育和培训

一、安全生产教育和培训的基本要求

安全生产教育和培训工作是贯彻“安全第一、预防为主、综合治理”安全生产方针，实现安全生产和文明生产，提高员工安全意识和安全素质，防止产生不安全行为，减少人为失误的重要途径。进行安全生产教育和培训，首先要提高生产经营单位管理者及员工的安

全生产责任感和自觉性，认真学习有关安全生产的法律、法规和安全生产基本知识；其次是普及和提高员工的安全技术知识，增强安全操作技能，强化安全意识，从而保护自己和他人的安全与健康。

《安全生产法》对安全生产教育和培训作出了明确规定。

《安全生产法》第二十四条规定，生产经营单位的主要负责人和安全生产管理人员必须具备与本单位所从事的生产经营活动相应的安全生产知识和管理能力。危险物品的生产、经营、储存单位以及矿山、金属冶炼、建筑施工、道路运输单位的主要负责人和安全生产管理人员，应当由主管的负有安全生产监督管理职责的部门对其安全生产知识和管理能力进行考核。

《安全生产法》第二十五条规定，生产经营单位应当对从业人员进行安全生产教育和培训，保证从业人员具备必要的安全生产知识，熟悉有关的安全生产规章制度和安全操作规程，掌握本岗位的安全操作技能，了解事故应急处理措施，知悉自身在安全生产方面的权利和义务。未经安全生产教育和培训合格的从业人员，不得上岗作业。

生产经营单位使用被派遣劳动者的，应当将被派遣劳动者纳入本单位从业人员统一管理，对被派遣劳动者进行岗位安全操作规程和安全操作技能的教育和培训。劳务派遣单位应当对被派遣劳动者进行必要的安全生产教育和培训。

生产经营单位接收中等职业学校、高等学校学生实习的，应当对实习学生进行相应的安全生产教育和培训，提供必要的劳动防护用品。学校应当协助生产经营单位对实习学生进行安全生产教育和培训。

生产经营单位应当建立安全生产教育和培训档案，如实记录安全生产教育和培训的时间、内容、参加人员以及考核结果等情况。

《安全生产法》第二十六条规定，生产经营单位采用新工艺、新技术、新材料或者使用新设备，必须了解、掌握其安全技术特性，采取有效的安全防护措施，并对从业人员进行专门的安全生产教育和培训。

《安全生产法》第二十七条规定，生产经营单位的特种作业人员必须按照国家有关规定经专门的安全作业培训，取得相应资格，方可上岗作业。特种作业人员的范围由国务院安全生产监督管理部门会同国务院有关部门确定。

为了贯彻落实《安全生产法》，国务院安委会和国家安监总局颁发了一系列有关安全生产教育和培训的文件，包括《国务院安委会关于进一步加强安全培训工作的决定》《生产经营单位安全培训规定》《特种作业人员安全技术培训考核管理规定》《安全生产培训管理办法》《关于加强安全生产应急管理培训工作的实施意见》《关于加强农民工安全生产培训工作的意见》等。

二、特种作业人员的安全教育和培训

2015 年5 月29 日，国家安全监督管理总局第80 号令发布新修订的《特种作业人员安全技术培训考核管理规定》，自2015 年7 月1 日起施行。以下介绍其主要内容。

1. 特种作业与特种作业人员

特种作业是指在劳动过程中容易发生伤亡事故，对操作者本人、他人的安全健康和周围设备、设施的安全可能造成重大危害的作业。直接从事特种作业的人员称为特种作业人员。

特种作业的范围根据《特种作业目录》分为 11 大类，分别为：

(1) 电工作业。指对电气设备进行运行、维护、安装、检修、改造、施工、调试等作业（不含电力系统进网作业），含高压电工作业、低压电工作业、防爆电气作业。

(2) 焊接与热切割作业。指运用焊接或者热切割方法对材料进行加工的作业（不含《特种设备安全监察条例》规定的有关作业），含熔化焊接与热切割作业、压力焊作业、钎焊作业。

(3) 高处作业。指专门或经常在坠落高度基准面 2 m 及以上有可能坠落的高处进行的作业，含登高架设作业，高处安装、维护、拆除作业。

(4) 制冷与空调作业。指对大中型制冷与空调设备运行操作、安装与修理的作业，含制冷与空调设备运行操作作业、制冷与空调设备安装修理作业。

(5) 煤矿安全作业。

(6) 金属非金属矿山安全作业。

(7) 石油天然气安全作业。含司钻作业。

(8) 冶金（有色）生产安全作业。含煤气作业。

(9) 危险化学品安全作业。指从事危险化工工艺过程操作及化工自动化控制仪表安装、维修、维护的作业。

(10) 烟花爆竹安全作业。

(11) 国家安全生产监督管理总局认定的其他作业。

2. 特种作业人员的教育和培训

特种作业人员在劳动生产过程中担负着特殊任务，所承担的风险较大，一旦发生事故，便会给企业生产、职工生命安全造成较大损失。因此，特种作业人员必须经专门的安全技术培训并考核合格，取得“中华人民共和国特种作业操作证”后，方可上岗作业。未经培训，或培训考核不合格者，不得上岗作业。

特种作业人员的安全技术培训、考核、发证、复审工作实行统一监管、分级实施、教考分离的原则。特种作业人员应当接受与其所从事的特种作业相应的安全技术理论培训和实际操作培训。跨省、自治区、直辖市从业的特种作业人员，可以在户籍所在地或者从业所在地参加培训。

3. 特种作业人员的考核发证和复审

特种作业人员的考核包括考试和审核两部分。考试由考核发证机关或其委托的单位负责，审核由考核发证机关负责。特种作业操作资格考试包括安全技术理论考试和实际操作考试两部分。考试不及格的，允许补考 1 次。经补考仍不及格的，重新参加相应的安全技术培训。特种作业操作证有效期为 6 年，在全国范围内有效。特种作业操作证由国家安全生产监督管理总局统一式样、标准及编号。

特种作业操作证每 3 年复审 1 次。特种作业人员在特种作业操作证有效期内，连续从事本工种 10 年以上，严格遵守有关安全生产法律法规的，经原考核发证机关或者从业所在地考核发证机关同意，特种作业操作证的复审时间可以延长至每 6 年 1 次。

特种作业操作证申请复审或者延期复审前，特种作业人员应当参加必要的安全培训并考试合格。安全培训时间不少于 8 学时，主要培训法律、法规、标准、事故案例和有关新工艺、新技术、新装备等知识。

三、从业人员安全生产教育和培训的基本内容

2015 年 5 月 29 日，国家安全生产监督管理总局令第 80 号发布新

修订的《生产经营单位安全培训规定》，自 2015 年 7 月 1 日起施行。以下介绍其主要内容。

生产经营单位的其他从业人员（以下简称从业人员）是指除主要负责人、安全生产管理人员和特种作业人员以外，该单位从事生产经营活动的所有人员（包括临时聘用人员）。

1. 对新从业人员的安全教育和培训

对新从业人员应进行厂（矿）、车间（工段、区、队）、班组三级安全教育和培训，生产经营单位新上岗的从业人员，岗前安全培训时间不得少于 24 学时。煤矿、非煤矿山、危险化学品、烟花爆竹、金属冶炼等生产经营单位新上岗的从业人员安全培训时间不得少于 72 学时，每年再培训的时间不得少于 20 学时。

2. 调岗或离岗后重新上岗安全教育和培训

从业人员调整工作岗位后，由于岗位工作特点、要求不同，应重新进行新岗位安全教育和培训，并经考试合格后方可上岗作业。由于工作需要或其他原因，离开岗位后重新上岗作业，应重新进行安全教育和培训，经考试合格后方可上岗作业。

调整工作岗位和离岗后重新上岗的安全教育和培训工作，原则上应由车间级组织。

3. “四新”安全教育和培训

生产经营单位采用新工艺、新技术、新材料或者使用新设备时，应当对有关从业人员重新进行有针对性的安全生产教育和培训。由于“四新”作业未知因素多，从业人员对危险因素了解甚少，缺乏操作知识，容易发生事故，因此必须对操作者和有关人员加强安全教育和管理。经严格考试合格后，才允许上机操作。

4. 岗位安全教育和培训

岗位安全教育和培训是指根据岗位要求所应具备的安全知识和技能而为在岗员工安排的安全教育和培训活动，主要包括日常安全教育和培训、定期安全考试及专题安全教育和培训三个方面。

生产经营单位要确立终身教育的观念和全员培训的目标，对在岗的从业人员应进行经常性的安全生产教育和培训。

四、三级安全教育和培训的主要内容

三级安全教育和培训是为了使新工人从一入厂就逐步树立正确的安全思想，遵守安全生产规章制度，熟悉安全生产知识，掌握安全操作技能的基本教育培训制度。对新从业人员的三级安全教育和培训包括：厂（矿）级岗前安全培训、车间（工段、区、队）级岗前安全培训、班组级岗前安全培训。

1. 厂（矿）级岗前安全培训

厂（矿）级岗前安全培训一般由企业安全部门组织实施，主要内容有：安全生产方针政策，法律法规，本单位安全生产情况及安全生产基本知识，本单位安全生产规章制度和劳动纪律，从业人员安全生产权利和义务，企业内设置的各种警告标志和信号装置，事故应急救援、事故应急预案演练及防范措施，以及有关的典型事故案例等。

2. 车间（工段、区、队）级岗前安全培训

车间（工段、区、队）级岗前安全培训是新职工分配到车间后，在尚未进入岗位前进行的安全培训，一般由车间负责安全工作的干部组织实施，主要内容为：工作环境及危险因素，所从事工种可能遭受的职业伤害和伤亡事故，所从事工种的安全职责、操作技能及强制性

标准，自救互救、急救方法、疏散和现场紧急情况的处理，安全设备设施、个人防护用品的使用和维护，本车间（工段、区、队）安全生产状况及规章制度，预防事故和职业危害的措施及应注意的安全事项，有关事故案例等。

3．班组级岗前安全培训

班组级岗前安全培训是新职工入厂之日起上岗之前的安全教育培训，通常由班组长或班组安全员组织实施，内容包括岗位安全操作规程、岗位之间工作衔接配合的安全与职业卫生事项、有关事故案例等。

五、安全生产教育培训的形式

安全生产教育培训的形式和方法与一般教学的形式和方法相同，多种多样，各有特点。在实际应用中，要根据培训的内容和对象灵活选择。

安全生产教育培训的主要方法有：课堂讲授法、实际演练法、案例研讨法、读书指导法、宣传娱乐法等。

经常性安全生产教育培训的形式有：每天的班前班后会上说明安全注意事项，安全活动日，安全生产会议，各类安全生产业务培训班，事故现场分析会，张贴安全生产招贴画、宣传标语及标志，安全文化知识竞赛等。

【事故案例】

2013 年 11 月 26 日 15 时 15 分，云南某煤业能源股份有限公司安宁分公司发生一起高处坠落事故，造成 1 人重伤。

11 月 26 日 8 时 15 分，该分公司生产节能科调度长王某安排备煤车间负责处理洗衣房旁管架上的蒸汽泄漏点，同时安排净化车间负责关闭蒸汽管阀门。因备煤车间上午有检修工作，安排在下午进行。14 时 10 分，备煤车间副主任李某接到王某电话，说蒸汽已停，可以处理泄漏点，便安排检修班职工张某、王某处理泄漏点，作业前办理了一级高处作业许可证，李某在现场口头进行了安全交底。张某、王某做好准备工作后，由王某负责监护，张某负责更换已坏的蒸汽阀门（ϕ25 mm）。15 时，蒸汽管阀门更换好，准备收工时，生产节能科调度室调度人员石某提出在蒸汽管道另外一侧上还有一个泄漏点需要处理，李某安排检修班职工杨某（焊工）对漏点进行焊补。杨某做好准备工作，系好安全带后上到管架上准备进行对泄漏点进行焊补，但因找不到具体漏点，便安排净化车间职工丁某开蒸汽查找。此时，综合科后勤职工王某智从洗衣房出来看见后主动说知道漏点具体位置，在没有穿劳保鞋和没有系安全带的情况下擅自爬到管架上指认漏点。15 时 15 分，王某智指认完漏点返回平台时，脚不慎踩滑，身体失重坠下地面，当场昏迷，造成重伤。

事故的直接原因是：伤者王某智违章作业，在没有接到工作安排、劳动保护用品穿戴不齐（未穿劳保鞋、未系安全带）的情况下擅自爬上管道进行指认，返回时踩滑坠落。

事故的间接原因包括：

（1）备煤车间对作业现场风险辨识不全，落实安全防范措施不到位，安全监护不到位。

（2）检修过程中检修人员发现“三违”现象未及时制止。

（3）检修前准备工作不充分，检修作业时安全确认不够，检修中动态管理不到位。

（4）综合科对特种作业人员安全教育管理不够。

第五节　安全生产检查与隐患排查

一、安全生产检查的类型

安全生产检查（以下简称安全检查）是企业安全生产的一项基本制度，是企业安全生产管理的重要内容之一，是消除隐患、防止事故发生、改善劳动条件的重要手段。通过安全检查，可以发现生产经营单位生产过程中的危险因素，以便有计划地制定纠正措施，保证安全生产。

安全检查通常可分为以下六种类型：

(1) 定期安全检查。定期安全检查一般是通过有计划、有组织、有目的的形式来实现的。检查周期根据各单位的实际情况确定，如次/年、次/季、次/月等。定期安全检查面广，有深度，能及时发现并解决问题。

(2) 经常性（日常）安全检查。经常性安全检查采取个别的、日常的巡视方式来实现。在施工（生产）过程中进行经常性的预防检查，能及时发现隐患，及时消除隐患，保证施工（生产）正常进行。

(3) 季节性及节假日前后安全检查。季节性安全检查是指由各级生产单位根据季节变化，按事故发生的规律对易发的潜在危险，突出重点进行季节检查，如冬季防冻保温、防火、防煤气中毒，夏季防暑降温、防汛、防雷电等检查。安排节假日前后安全检查是由于节假日前后职工注意力在过节上，容易发生事故，因而应在节假日前后进行有针对性的安全检查。

(4) 专业（项）安全检查。专业（项）安全检查是对某个专业

（项）问题或在施工（生产）中存在的普遍性安全问题进行的单项定性或定量检查。如对危险性较大的在用设备、设施的检验，作业场所环境条件的管理性或监督性定量检测检验则属专业（项）安全检查。专业（项）安全检查具有较强的针对性和专业要求，用于检查难度较大的项目。通过检查，发现潜在问题，研究整改方案，及时消除隐患，进行技术改造。

(5) 综合性安全检查。综合性安全检查一般是由主管部门对下属各企业或生产单位进行的全面综合性检查，必要时可组织进行系统的安全性评价。

(6) 职工代表不定期的安全巡查。由企业或车间工会负责组织有专业技术特长的职工代表进行安全生产巡视和检查。重点检查国家安全生产方针、法规的贯彻执行情况，单位领导干部安全生产责任制的执行情况，工人安全生产权利的保障情况，事故原因、隐患整改情况。此类检查可进一步强化各级领导安全生产责任制的落实，促进职工劳动保护合法权利的维护。

二、安全检查的内容

安全检查的内容包括软件系统和硬件系统。软件系统主要查思想、查意识、查制度、查管理、查事故处理、查隐患、查整改。硬件系统主要是查生产设备、查辅助设施、查安全设施、查作业环境。

安全检查一般包括以下项目：

(1) 连续生产的单位重点检查交接班制度执行情况。

(2) 危险施工现场应确保配备安全监护人，并要认真履行职责，保留完整的安全监护记录。所使用的设备、设施、工具、用具、仪表、仪器、容器等都应有专人保管，有安全检查责任牌，按时进行检查。

(3) 所有设备、设施、工具、用具必须完好齐全；防护、保险、信号、仪表、报警等安全装置完好齐全，准确有效；所有场地的油气水管线、闸门无“跑、冒、滴、漏”现象；消防设施、器材、工具按要求配备，保管完好，定期进行检验维修，实行挂牌责任制。

(4) 应设置安全标志的地方，按标准设置且标志完好清晰；电气、电路安装正确、完好；该使用防爆电器的地方，按要求使用；应装防静电装置的地方，正确安装。

(5) 生产场地应平整、清洁，无危险建筑及设施；生产的成品、半成品，所用的材料、原料，使用的用具、工具堆放、摆放符合安全生产要求；无生产中不需使用的易燃易爆及危险物品，如需要使用应有安全规定及防护措施；光线、照明要符合国家标准，应装置安全防护设施的地方都按标准进行了安装。

(6) 禁烟火的生产场所，无火源及烟蒂、火柴棒；动火作业按要求办理动火手续，并制定严格的防护措施；生产场所无生产中不许使用的电炉、煤（汽、柴）油炉和液化气炉，经过批准使用的要有安全规定，并按规定执行。

对非矿山企业，国家有关规定要求强制性检查的项目有：锅炉、压力容器、压力管道、高压医用氧舱、起重机、电梯、自动扶梯、施工升降机、简易升降机、防爆电器、厂内机动车辆、客运索道、游艺机及游乐设施等；作业场所的粉尘、噪声、振动、辐射、高温、低温、有毒物质的浓度等。

【事故案例】

某建筑施工企业，没有现场安全生产管理人员。该企业在某项工程施工过程中，甲班队长在指挥组装吊塔时，没有严格按规定把塔吊吊臂的防滑板装入燕尾槽中并用螺栓固定，而是用电焊将防滑板焊住。某日甲班作业过程中发生吊臂防滑板开焊、吊臂折断脱落事故，造成3人死亡、1人重伤。这次事故造成的损失包括：医疗费用（含护理费用）45万元，丧葬及抚恤等费用60万元，处理事故和现场抢救费用28万元，设备损失200万元，停产损失150万元。

设备安装和管理不到位，是事故发生的直接原因。吊塔安装应该严格按规定进行，不能留下事故隐患；安全检查人员应定期对设备进行安全检查，发现问题及时整改；工人操作设备前应认真检查设备状况，存在严重隐患的设备应停止使用。

三、安全检查的方法

1. 常规检查

常规检查是常见的一种检查方法，通常由安全管理人员作为检查工作的主体，到作业现场，通过感观或辅助一定的简单工具、仪表等，对作业人员的行为、作业场所的环境条件、生产设备设施等进行定性检查。安全检查人员通过这一手段，及时发现现场存在的安全隐患并采取措施予以消除，纠正施工人员的不安全行为。

常规检查完全依靠安全检查人员的经验和能力，检查的结果直接受安全检查人员个人素质的影响，因此对安全检查人员个人素质的要求较高。

2. 安全检查表法

为使检查工作更加规范，将个人的行为对检查结果的影响减少到最小，常采用预先编制的安全检查表进行检查。

为了系统地发现工厂、车间、工序或机器、设备、装置以及各种操作管理和组织措施中的不安全因素，事先把检查对象加以剖析，把大系统分割成小的系统，查出不安全因素所在，然后确定检查项目，以提问的方式，将检查项目按系统或子系统顺序编制成表，以便进行检查和避免漏检，这种表就叫安全检查表。

安全检查表是进行安全检查，发现和查明各种危险和隐患，监督各项安全生产规章制度的实施，及时发现事故隐患并制止违章行为的一个有力工具。企业在实施安全检查工作时，可以根据国家和行业安全检查标准，并结合本单位的实际情况编制具体、操作性强的安全检查表。

3. 仪器检查法

机器、设备内部的缺陷及作业环境条件的真实信息或定量数据，只能通过仪器检查法进行定量化的检验与测量，才能发现安全隐患，从而为后续整改提供信息。因此，必要时需要实施仪器检查。由于被检查的对象不同，检查所用的仪器和手段也不同。

四、安全检查表的编制

安全检查表根据检查和分析的目的与对象不同，可分为设计审查、施工验收用安全检查表，厂（矿、公司）级用安全检查表，车间（区、队）用安全检查表，生产工序或岗位安全检查表，专业（项）安全检查表。

1. 安全检查表的编制依据

安全检查表应列举需要查明的所有可能会导致事故的不安全因素，其主要编制依据有：

（1）有关标准、规程、规范及规定。

（2）国内外事故案例及本单位在安全管理及生产中的有关经验。

（3）通过系统分析，确定的危险部位及防范措施。

（4）新知识、新成果、新方法、新技术、新法规和新标准。

2. 安全检查表的基本内容

安全检查表没有固定的格式，可以根据检查的内容和要求有所不同，但一般应有以下几项内容：

（1）序号：根据要求统一编号。

（2）项目名称：如子系统、车间、工段、设备等。

（3）检查内容：在修辞上可用直接陈述句，也可用疑问句。

（4）检查结果：也就是问题回答栏，可以根据检查内容回答是（“√”）或否（“×”），也可以用打分的形式。

（5）备注栏：可注明建议改进措施或情况反馈等事项。

（6）检查时间和检查者。

为了使安全检查表进一步具体化，还可根据实际情况和需要增添栏目，如将各检查项目依据的标准或参考标准列出，或对各个项目的重要程度作出标记等。

表3—2为冶金企业安全检查表的示例。

表3—2　　冶金企业安全检查表

企业名称　　　　　　　　　　　　　　　　　　年　　月　　日

项目	主要内容	检查要点	检查结果	整改意见
基础管理	安全生产责任制	企业主要负责人安全生产责任制是否建立		
		各职能部门安全生产责任制是否建立		
		各级各类人员安全生产责任制是否建立		
		各项安全生产管理规章制度是否建立健全		
		各岗位安全操作规程是否建立		

续表

<table>
<tr><th>项目</th><th>主要内容</th><th>检查要点</th><th>检查结果</th><th>整改意见</th></tr>
<tr><td rowspan="21">基础管理</td><td rowspan="2">机构人员</td><td>安全管理机构是否设置</td><td></td><td></td></tr>
<tr><td>安全管理人员是否配备</td><td></td><td></td></tr>
<tr><td rowspan="4">新改扩项目安全设施“三同时”管理</td><td>安全预评价报告是否编制</td><td></td><td></td></tr>
<tr><td>安全设施设计是否编制</td><td></td><td></td></tr>
<tr><td>安全设施是否验收</td><td></td><td></td></tr>
<tr><td>安全评价报告、安全设施设计是否报安全监管部门审查、备案</td><td></td><td></td></tr>
<tr><td rowspan="3">工伤保险</td><td>职工工伤保险管理制度是否建立</td><td></td><td></td></tr>
<tr><td>职工工伤保险费是否足额缴纳</td><td></td><td></td></tr>
<tr><td>职工工伤保险是否办理</td><td></td><td></td></tr>
<tr><td rowspan="7">教育培训</td><td>主要负责人和安全生产管理人员是否经过安全监管部门培训</td><td></td><td></td></tr>
<tr><td>各类人员培训计划是否制订</td><td></td><td></td></tr>
<tr><td>安全教育培训是否按计划进行</td><td></td><td></td></tr>
<tr><td>操作岗位人员是否经过安全教育和生产技能培训，考试是否合格</td><td></td><td></td></tr>
<tr><td>对新员工是否进行“三级”安全教育</td><td></td><td></td></tr>
<tr><td>在新工艺、新技术、新材料、新设备设施投入使用前，是否进行安全教育培训</td><td></td><td></td></tr>
<tr><td>安全培训档案是否建立</td><td></td><td></td></tr>
<tr><td rowspan="3">相关方管理</td><td>是否与外来施工方签订安全生产管理协议</td><td></td><td></td></tr>
<tr><td>是否对外来施工方生产经营过程加强安全监管</td><td></td><td></td></tr>
<tr><td>外来施工方是否具备资质</td><td></td><td></td></tr>
</table>

续表

项目	主要内容	检查要点	检查结果	整改意见
基础管理	特种设备及人员	特种设备安全技术档案是否建立		
		特种设备是否经过检验机构检验合格		
		特种作业人员是否经过培训，取得特种作业操作资格证书		
	应急预案	综合、专项应急预案是否制定		
		应急救援预案是否组织演练		
设备设施	氧煤喷吹	高炉煤粉制备系统是否设有一氧化碳浓度检测和报警装置（查检测报告、查现场）		
	渣、铁处理	在铁口和渣口前作业时，是否点燃煤气，防止中毒（查记录）		
	转炉、电炉、精炼炉	转炉、电炉、精炼炉下漏钢坑、热泼渣区，钢水罐车、渣罐车运行区域，是否保持干燥；是否设置防潮、防水措施（查现场）		
		具有爆炸和自燃危险 CaC_2 粉剂、镁粉、煤粉、直接还原铁（DRI）的物料，是否储存于密闭储仓内（查现场）		
	钢锭(坯)处理	钢锭（坯）库内人行道宽度是否不小于 1 m，钢锭（坯）垛间距是否不小于 0.6 m（查现场）		
	铁水罐、钢水罐、中间罐、渣罐使用安全	铁水罐耳轴磨损超过 10% 即报废，每年对耳轴做一次无损探伤检查（查检测报告）		
		铁水罐、钢水罐、渣罐是否与邻近设备、建筑物保持大于 1.5 m 距离（查现场）		

续表

项目	主要内容	检查要点	检查结果	整改意见
设备设施	起重设备	吊运铁水、钢水、液渣是否采用双制动和双限位控制系统（查检测报告、查现场）		
		起重机械是否标明起重吨位，缓冲和自动联锁装置是否正常（查检测报告）		
		起重机运行时，是否发出声响与灯光信号、警示信号（查现场）		
	煤气管理	煤气放散管上部是否设自动点火装置（查检测报告）		
		煤气生产及回收系统，是否按照国家标准安装一氧化碳检测装置（查检测报告、查现场）		
		煤气风机房是否采取防火、防爆措施，配备消防设备（查检测报告、查现场）		
	供电安全	炼铁厂、炼钢厂供电是否有两路独立的高压电源，当一路电源发生故障或检修时，另一路电源是否能保证车间正常生产用电负荷（查现场）		
	供水安全	高炉、转炉、加热设备是否配置事故高位水源或备用供水电源（查现场、查检查记录）		
	设备管理	电磁盘吊是否有防止断电的安全措施（查检测报告、查现场）		
		轧制生产过程中使用燃气/氧气燃烧装置是否设有火灾报警器、可燃气体报警器（查现场，查检查、检测记录）		

续表

项目	主要内容	检查要点	检查结果	整改意见
设备设施	设备管理	轧制型钢、线材、板、带、钢管和钢丝等生产时，各类安全联锁装置和防护设施是否齐全可靠（查现场、查安全装置检查记录）		
	压力容器	各种蒸汽集气包、压缩空气集气包、喷煤系统喷吹罐、汽化冷却气包、罐等各种压力容器和氧气瓶、氮气瓶等工业气瓶是否定期进行检测（查检测报告）		
		各类安全阀、压力表是否定期进行检测（查有关部门检测报告）		
	动力管线	各类燃气管线是否架空敷设，在车间入口设切断阀（查现场、查检查记录）		
		氧气、乙炔、煤气、燃油管道不许与动力电缆安装在同一支架上（查现场）		
	电气设备	电气室、计算机房、主电缆隧道、电缆夹层是否设有火灾自动报警器和灭火设施（查现场、查检查记录）		
		电气设备的金属外壳是否采用保护接地或接零（查接地电阻检测报告）		
		是否安装避雷设施（查接地电阻检测报告）		
		手持电动工具、移动电气设备是否按照规定安装漏电保护装置并定期进行检测（查接地电阻检测报告）		
		氧气、乙炔、煤气、燃油管道是否做好静电保护接地（查接地电阻检测报告）		

续表

项目	主要内容	检查要点	检查结果	整改意见
设备设施	其他管理	煤气开、停炉及重大设备检修是否制定安全措施，确定煤气专业人员现场监护（查现场、查工作方案）		
		对电、煤气、蒸汽、氧气、氮气等要害部位动火时是否实施建立审批管理程序（查现场、查动火证）		
		氢气、氮气炉，储气柜，球罐等危险性部位进行检修时，是否采取置换清洗措施（查现场、查检测报告和工作方案）		
		有较大危险因素的作业场所或有关设备上，是否按照国家标准设置安全警示标志（查现场、查检查记录）		
		设备裸露转动或快速移动部分，是否按照国家标准设置安全防护罩、防护栏杆或防护挡板（查现场、查检查记录）		
		坑、沟、池、井、陡坡等部位是否设置安全盖板或护栏（查现场、查检查记录）		
		放射源和射线装置，是否有明显的警示标志和安全防护措施，并定期进行检查（查现场、查检查记录）		
		计量检测用的放射源是否按照有关规定取得放射物品使用许可证（查证件）		

续表

项目	主要内容	检查要点	检查结果	整改意见
设备设施	危险化学品库	库内危险化学品是否进行分类、分区、分库储存		
		库内消防设施是否齐全、通道畅通		
		库内是否有隔热、降温、通风等措施		
		库内是否有应急预案		
	锅炉	锅炉产品合格证、使用登记证、年度使用报告是否齐全		
		压力表表面及表盘刻度是否清晰		
		压力表指示数值是否在正常范围内		
		水位表外表是否清洁、明亮，是否漏气、漏水		
		水位表最高、最低刻度是否有明显标志		
		安全阀是否齐全、完整		
		安全阀动作是否灵活、可靠		
		排污阀是否有漏气、漏水现象		
	电焊机	电源线、焊接电缆与电焊机是否有可靠保护		
		电焊机外壳 PE 接线是否正确，连接可靠		
		电焊机一次侧电源线长度是否超过 3 m		
		电焊机使用场所是否清洁，无严重粉尘，周围无易燃易爆物		
	重大危险源管理	按照国家标准《危险化学品重大危险源辨识》（GB 18218—2014）规定，是否存在重大危险源，并按照规定向安全监管部门和相关部门备案（查备案资料、安全评价资料）		
其他				

注：检查结果合格的在结果栏内打“√”，不合格的打“×”。

检查人员签字：　　　　　　　　企业（单位）主要负责人签字（盖章）：

五、安全检查的程序

安全检查一般包括以下几个步骤：

1. 安全检查准备

（1）确定检查的对象、目的、任务。

（2）查阅、掌握有关法规、标准、规程的要求。

（3）了解检查对象的工艺流程、生产情况、可能出现危险、危害的情况。

（4）制订检查计划，安排检查内容、方法、步骤。

（5）编写安全检查表或检查提纲。

（6）准备必要的检测工具、仪器、表格或记录本。

（7）挑选和训练检查人员并进行必要的分工等。

2. 实施安全检查

实施安全检查就是通过访谈、查阅文件和记录、现场观察、仪器测量的方式获取信息的过程。

（1）访谈。通过与有关人员谈话来查安全意识、查规章制度执行情况等。

（2）查阅文件和记录。检查设计文件、作业规程、安全措施、责任制度、操作规程等是否齐全，是否有效；查阅相应记录，判断上述文件是否有效执行。

（3）现场观察。对作业现场的生产设备、安全防护设施、作业环境、人员操作等进行观察，寻找不安全因素、事故隐患、事故征兆等。

3. 通过分析作出判断

掌握情况之后，要进行分析、判断和验证。可凭经验、技能进行分析，作出判断，必要时需对所作出的判断进行验证，以保证得出正确结论。

4. 及时作出处理决定

作出判断后，应针对存在的问题作出处理决定，即提出隐患整改意见和要求，包括要求进行信息的反馈。

5. 整改落实

存在隐患的单位必须按照检查组（人员）提出的隐患整改意见和要求落实整改。检查组（人员）对整改落实情况进行复查，获得整改效果的信息。

【事故案例】

2002 年 5 月 14 日 11 时 15 分，某碱厂配料工发现 6 号上料卷扬机蹾底。值班班长孙某通知配料巡检工钟某处理。钟某到 6 号卷扬机，发现吊斗过顶，在没停电的情况下，调整保护光电开关，导致卷扬机自动反转开启，手套被卷进伞形齿轮，进而将右手带进，使右手小拇指被挤掉一截，无名指被挤断，造成重伤。在调查事故原因的时候了解到，事发之前该车间的操作工曾多次在没有断电的情况下进行过类似的调试。毫无疑问，这是一起由习惯性违章造成的事故。

这起事故给人们的教训是，企业应设置有效的安全防护设施，提高设备的本质安全水平。同时，对职工要加强教育，增强其安全意识，加强安全检查，杜绝职工的不安全行为。

六、事故隐患排查治理

1. 事故隐患的分类

综合事故性质分类和行业分类，考虑事故起因，可将事故隐患归纳为 21 类，即火灾、爆炸、中毒和窒息、水害、坍塌、滑坡、泄漏、腐蚀、触电、坠落、机械伤害、煤与瓦斯突出、公路设施伤害、公路车辆伤害、铁路设施伤害、铁路车辆伤害、水上运输伤害、港口码头伤害、空中运输伤害、航空港伤害、其他类隐患。

2. 事故隐患排查治理的要求

《安全生产事故隐患排查治理暂行规定》第四条明确规定："生产经营单位应当建立健全事故隐患排查治理制度。生产经营单位主要负责人对本单位事故隐患排查治理工作全面负责。"隐患排查治理的要求主要有：

（1）企业应当建立健全事故隐患排查治理和建档监控等制度，逐级建立并落实从主要负责人到每个从业人员的隐患排查治理和监控责任制。

（2）企业应当保证事故隐患排查治理所需的资金，建立资金使用专项制度。

（3）对排查出的事故隐患，应当按照事故隐患的等级进行登记，建立事故隐患信息档案，并按照职责分工实施监控治理。

（4）企业应当每季、每年对本单位事故隐患排查治理情况进行统计分析，并分别于下一季度15日前和下一年1月31日前向安全监管监察部门和有关部门报送书面统计分析表。统计分析表应当由生产经营单位主要负责人签字。对于重大事故隐患，企业还应当及时向安全监管监察部门和有关部门报告。

（5）生产经营单位应当建立事故隐患报告和举报奖励制度，鼓励、发动职工发现和排除事故隐患，鼓励社会公众举报。对发现、排除和举报事故隐患的有功人员，应当给予物质奖励和表彰。

（6）对于一般事故隐患，由生产经营单位（车间、分厂、区队等）负责人或者有关人员立即组织整改。对于重大事故隐患，由生产经营单位主要负责人组织制定并实施事故隐患治理方案。

【事故案例】

某钢铁公司炼铁厂原料运输车间二工段丙班皮带工孟某同本班工长费某到4A皮带运输机尾部清理落地料。当时由于皮带没有运转，二人在没有切断机头操作箱内急停开关和事故拉线开关的情况下进入皮带下方进行清理作业。当清理完靠近头轮方向的物品后，费某在皮带外侧将清出的球团往运输皮带上装，孟某又进入靠近皮带尾轮的另一间隔继续清理。13时50分，4A皮带准备运转，操作工周某通过指令电话向现场喊话三次以后启动皮带。由于安装在4A皮带头部、中部和尾部的喊话器中的尾部喇叭损坏，加之二人正在集中精力作业，未听到主控室喊话，突然启动的皮带将孟某头部、右手挤在距尾轮1.4 m处的返皮带与下托辊之间，经抢救无效死亡。

事故的直接原因是：原料运输车间二工段丙班皮带工孟某违章操作，自我保护意识不强，在未将机头操作箱开关打到零位或将拉线开关断开的情况下，进入皮带下方进行清理作业，且未按规定戴安全帽。

事故的间接原因包括：

（1）原料运输车间二工段丙班工长费某安全意识不强，对作业现场环境危险源辨识不到位，在危险区域作业未采取安全措施，带头违章作业，互相监护不到位，是造成本次事故发生的重要原因。

（2）原料运输车间设备管理不到位。4A皮带尾部喊话器喇叭长时间损坏没有及时发现并维修，致使操作工与主控室唯一的通信联系中断，导致操作工听不见皮带启动的喊话，是造成本次事故发生的又一原因。

（3）安全管理有漏洞。原料运输车间领导和相关人员的安全生产责任制落实不到位，安全检查有死角，隐患排查和整改不及时，没有及时发现4A皮带尾部喊话器喇叭损坏，事故紧急开关没有拉绳，职工忽视规章制度和安全操作规程，个别作业人员未佩戴安全防护用品上岗操作。部分转岗人员转岗培训不到位，培训考试走过场，没有达到实际效果。

第六节 事故管理与工伤保险

一、事故管理的概念

事故管理是指对事故的处理与预防的一系列管理活动，包括事故的报告、调查、分析、处理、统计、档案管理和预防等。

事故管理是安全管理的一项非常重要的工作，搞好事故管理对提高企业安全管理水平，防止重复性事故发生，具有非常重要的作用。事故管理的目的是在对事故调查、分析的基础上，掌握事故的发生过程、原因及规律，寻求有效的防止对策。

搞好事故管理工作，有助于对企业安全生产状况作出客观、准确的评价，实现安全生产目标管理，对企业职工进行实际、生动的安全教育，以及有效地开展事故预测、控制和预防工作，减少和杜绝事故，保障安全生产。

二、事故的分类

事故的分类方法很多，可按事故属性、事故类别、伤害程度等进行分类。根据国家标准《企业职工伤亡事故分类》（GB 6441—86），事故分为20类：

（1）物体打击。指物体在重力或其他外力的作用下产生运动，打击人体，造成人身伤亡事故，不包括因机械设备、车辆、起重机械、坍塌等引发的物体打击。

（2）车辆伤害。指企业机动车辆在行驶中引起的人体坠落和物体倒塌、下落、挤压伤亡事故，不包括起重设备提升、牵引车辆和运输车辆停驶时发生的事故。

（3）机械伤害。指机械设备运动（静止）部件、工具、加工件直接与人体接触引起的夹击、碰撞、剪切、卷入、绞、碾、割、刺等伤害，不包括车辆、起重机械引起的机械伤害。

（4）起重伤害。指各种起重作业（包括起重机安装、检修、试验）中发生的挤压、坠落、（吊具、吊重）物体打击和触电。

（5）触电伤害。电流流经人体，造成生理伤害的事故，包括雷击伤亡事故。

（6）淹溺。因大量水经口、鼻进入肺内，造成呼吸道阻塞，发生急性缺氧而窒息死亡的事故，包括高处坠落淹溺，不包括矿山、井下透水淹溺。

（7）灼烫。指火焰烧伤、高温物体烫伤、化学灼伤（酸、碱、盐、有机物引起的体内外灼伤）、物理灼伤（光、放射性物质引起的体内外灼伤），不包括电灼伤和火灾引起的烧伤。

（8）火灾。指造成人身伤亡的企业火灾事故。

（9）高处坠落。指在高处作业中发生坠落造成的伤亡事故，不包括触电坠落事故。

（10）坍塌。指物体在外力或重力作用下，超过自身的强度极限或因结构稳定性破坏而造成的事故，如挖沟时的土石塌方、脚手架坍塌、堆置物倒塌等，不适用于矿山冒顶片帮和车辆、起重机械、爆破引起的坍塌。

（11）冒顶片帮。这类事故适用于矿山、地下开采、掘进及其他坑道作业发生的坍塌事故。

（12）透水。矿山、地下开采或其他坑道作业时，意外水源带来的伤亡事故，不适用于地面水害事故。

（13）放炮。施工时由于放炮作业造成的伤亡事故。

（14）火药爆炸。指火药、炸药及其制品在生产、加工、运输、储存中发生的爆炸事故。

（15）瓦斯爆炸。可燃性气体瓦斯、煤尘与空气混合形成了浓度达到燃烧极限的混合物，接触火源而引起的化学性爆炸事故。

（16）锅炉爆炸。各种锅炉的物理性爆炸事故。

（17）容器爆炸。盛装气体或液体，承受一定压力的密闭容器发生的爆炸事故。

（18）其他爆炸。不属于瓦斯爆炸、锅炉爆炸和容器爆炸的爆炸。

（19）中毒和窒息。中毒是指人接触有毒物质，出现的各种生理现象的总称；窒息是指因为氧气缺乏，发生的晕倒甚至死亡的事故。

（20）其他伤害。凡不属于上述伤害的事故均称为其他伤害。

【相关知识】

《生产安全事故报告和调查处理条例》规定，根据生产安全事故（以下简称事故）造成的人员伤亡或者直接经济损失，事故一般分为以下等级：

（1）特别重大事故。指造成30人以上死亡，或者100人以上重伤（包括急性工业中毒，下同），或者1亿元以上直接经济损失的事故。

（2）重大事故。指造成10人以上30人以下死亡，或者50人以上100人以下重伤，或者5 000万元以上1亿元以下直接经济损失的事故。

（3）较大事故。指造成3人以上10人以下死亡，或者10人以上50人以下重伤，或者1 000万元以上5 000万元以下直接经济损失的事故。

（4）一般事故。指造成3人以下死亡，或者10人以下重伤，或者1 000万元以下直接经济损失的事故。

该分级所称的“以上”包括本数，所称的“以下”不包括本数。

三、事故发生的原因

导致事故发生的原因可以分为直接原因和间接原因。

1．直接原因

直接导致事故发生的原因，也是在时间上最接近事故发生的原因，叫作事故的直接原因。事故的直接原因通常分为人的原因和物的原因两类。

（1）人的原因。指由人的不安全行为引起的。

（2）物的原因。指由物的不安全状态造成的。

2．间接原因

使事故的直接原因得以产生和存在的原因，叫作事故的间接原因。事故的间接原因有以下几种：

（1）技术和设计上有缺陷。指工业构件、建筑物、机械设备、仪器仪表、工艺过程、操作方法、维修检验等的设计、施工和材料使用存在问题。

（2）劳动组织不合理。

（3）教育培训不够，未经培训。

（4）身体的原因。

（5）精神的原因。

（6）管理的原因。包括没有安全操作规程或不健全，对现场工作缺乏检查或指导错误，没有或不认真实施事故防范措施，对事故隐患整改不力等。

四、预防事故应遵循的原则

（1）事故是可以预防的。除自然灾害造成的事故无法采取主动的防范措施，以及某些事故原因在技术上还未有有效控制措施外，其余事故都可以通过消除形成的条件，控制事故发生。因此，通过分析事故发生的原因和过程，研究防止事故发生的理论及对策，是可以防止事故发生、减少损失的。

（2）防患于未然。预防事故的积极有效的办法是防患于未然，即采用“事先型”解决问题的方法，将事故隐患、不安全因素消除在潜伏、孕育阶段，这是防止事故的根本出发点。

（3）根除事故原因。引起事故的原因是多方面的，而原因之间又有其因果关系，事故预防就是要从事故的直接原因着手，分析引起事故的最本质的原因，只有消除最根本的原因，才能消除事故的所有原因，才能根除事故。

（4）全面治理。消除事故隐患，根除事故的最基本原因，应遵循全面治理的原则。即在安全技术、安全教育、安全管理等方面，对物的不安全状态（包括护具的不安全条件）、人的不安全行为、管理的不安全因素进行治理和消除，从而达到对事故原因多方位控制的目的。

五、工伤保险的概念和原则

1. 工伤保险的概念

工伤保险是指劳动者在工作中或在规定的特殊情况下，遭受意外伤害或患职业病导致暂时或永久丧失劳动能力以及死亡时，劳动者或其遗属从国家和社会获得物质帮助的一种社会保险制度。

工伤保险是通过社会统筹的办法，集中用人单位缴纳的工伤保险费，建立工伤保险基金，对劳动者在生产经营活动中遭受意外伤害或职业病，并由此造成死亡、暂时或永久丧失劳动能力时，给予劳动者及其家属法定的医疗救治以及必要的经济补偿的一种社会保障制度。这种补偿既包括医疗、康复所需费用，也包括保障基本生活的费用。

2. 工伤保险的原则

工伤保险遵循十项原则：无责任补偿（无过失补偿）原则；国家立法、强制实施原则；风险分担、互助互济原则；个人不缴费原则；区别因工与非因工原则；经济赔偿与事故预防、职业病防治相结合原则；一次性补偿与长期补偿相结合原则；确定伤残和职业病等级原则；区别直接经济损失与间接经济损失原则；集中管理原则。

六、工伤认定和劳动能力鉴定

1. 工伤认定的范围

《工伤保险条例》对工伤认定作出了明确规定。

（1）职工有下列情形之一的，应当认定为工伤：

1）在工作时间和工作场所内，因工作原因受到事故伤害的。

2）工作时间前后在工作场所内，从事与工作有关的预备性或者收尾性工作受到事故伤害的。

3）在工作时间和工作场所内，因履行工作职责受到暴力等意外伤害的。

4）患职业病的。

5）因工外出期间，由于工作原因受到伤害或者发生事故下落不明的。

6）在上下班途中，受到非本人主要责任的交通事故或者城市轨道交通、客运轮渡、火车事故伤害的。

7）法律、行政法规规定应当认定为工伤的其他情形。

(2) 职工有下列情形之一的，视同工伤：

1）在工作时间和工作岗位，突发疾病死亡或者在 48 h 之内抢救无效死亡的。

2）在抢险救灾等维护国家利益、公共利益活动中受到伤害的。

3）职工原在军队服役，因战、因公负伤致残，已取得革命伤残军人证，到用人单位后旧伤复发的。

(3) 职工有下列情形之一的，不得认定为工伤或者视同工伤：

1）故意犯罪的。

2）醉酒或者吸毒的。

3）自残或者自杀的。

2. 工伤认定的程序

职工发生事故伤害或者按照职业病防治法规定被诊断、鉴定为职业病，所在单位应当自事故伤害发生之日或者被诊断、鉴定为职业病之日起 30 日内，向统筹地区社会保险行政部门提出工伤认定申请。

遇有特殊情况，经报社会保险行政部门同意，申请时限可以适当延长。

用人单位未按规定提出工伤认定申请的，工伤职工或者其近亲属、工会组织在事故伤害发生之日或者被诊断、鉴定为职业病之日起1年内，可以直接向用人单位所在地统筹地区的社会保险行政部门提出工伤认定申请。

提出工伤认定申请，应当提交工伤认定申请表、与用人单位存在劳动关系（包括事实劳动关系）的证明材料、医疗诊断证明或者职业病诊断证明（鉴定）书等材料。

社会保险行政部门应当自受理工伤认定申请之日起60日内作出工伤认定的决定，并书面通知申请工伤认定的职工或者其近亲属和该职工所在单位。社会保险行政部门对受理的事实清楚、权利义务明确的工伤认定申请，应当在15日内作出工伤认定的决定。

【事故案例】

吴某原是丽水市某公司工人，在该公司整表车间检油表岗位工作。2005年2月28日，吴某在上班时，见同车间班组的铆上盖岗位人手紧张，影响到自己岗位的流程操作，遂前去帮忙，在帮忙过程中因操作不当右手被机器压伤致残。市劳动和社会保障局认定其为工伤，但公司不服向法院提出诉讼。

公司认为，事发当天，吴某未经公司和车间管理人员的指派和许可，擅自到铆上盖岗位开机操作导致受伤。因其受伤并非在本职岗位上，又未经公司临时指派，故不符合工伤认定条件。而劳动和社会保障局认为，吴某在上班时间，因工作原因受伤，且不属于蓄意违章等排除工伤认定的情形，符合工伤认定条件。

法院经审理认定，吴某虽然不是在本岗位工作时受伤，但协助其他岗位仍然属于工作原因，符合工伤认定的三个基本要素，即在工作时间、工作区域和因工作原因致伤。故法院判决，维持市劳动和社会保障局对吴某的工伤认定。

3. 劳动能力鉴定

职工发生工伤，经治疗伤情相对稳定后存在残疾、影响劳动能力的，应当进行劳动能力鉴定。

劳动能力鉴定是指劳动功能障碍程度和生活自理障碍程度的等级鉴定。劳动功能障碍分为十个伤残等级，最重的为一级，最轻的为十级。生活自理障碍分为三个等级：生活完全不能自理、生活大部分不能自理和生活部分不能自理。

劳动能力鉴定由用人单位、工伤职工或者其近亲属向设区的市级劳动能力鉴定委员会提出申请，并提供工伤认定决定和职工工伤医疗的有关资料。设区的市级劳动能力鉴定委员会应当自收到劳动能力鉴定申请之日起 60 日内作出劳动能力鉴定结论，必要时，作出劳动能力鉴定结论的期限可以延长 30 日。劳动能力鉴定结论应当及时送达申请鉴定的单位和个人。自劳动能力鉴定结论作出之日起 1 年后，工伤职工或者其近亲属、所在单位或者经办机构认为伤残情况发生变化的，可以申请劳动能力复查鉴定。

七、工伤保险待遇

职工因工作遭受事故伤害或者患职业病进行治疗，享受工伤医疗待遇。职工治疗工伤应当在签订服务协议的医疗机构就医，情况紧急时可以先到就近的医疗机构急救。

治疗工伤所需费用符合工伤保险诊疗项目目录、工伤保险药品目录、工伤保险住院服务标准的，从工伤保险基金支付。职工住院治疗工伤的伙食补助费，以及经医疗机构出具证明，报经办机构同意，工伤职工到统筹地区以外就医所需的交通、食宿费用从工伤保险基金支付。基金支付的具体标准由统筹地区人民政府规定。工伤职工到签订服务协议的医疗机构进行工伤康复的费用，符合规定的，从工伤保险基金支付。

工伤职工因日常生活或者就业需要，经劳动能力鉴定委员会确认，可以安装假肢、矫形器、假眼、假牙和配置轮椅等辅助器具，所需费用按照国家规定的标准从工伤保险基金支付。

职工因工作遭受事故伤害或者患职业病需要暂停工作接受工伤医疗的，在停工留薪期内，原工资福利待遇不变，由所在单位按月支付。停工留薪期一般不超过 12 个月。伤情严重或者情况特殊，经设区的市级劳动能力鉴定委员会确认，可以适当延长，但延长不得超过 12 个月。工伤职工评定伤残等级后，停发原待遇，按照有关规定享受伤残待遇。工伤职工在停工留薪期满后仍需治疗的，继续享受工伤医疗待遇。

生活不能自理的工伤职工在停工留薪期需要护理的，由所在单位负责。工伤职工已经评定伤残等级并经劳动能力鉴定委员会确认需要生活护理的，从工伤保险基金中按月支付生活护理费。

第七节　劳动防护用品管理

一、劳动防护用品的分类

劳动防护用品是指由用人单位为劳动者配备的，使其在劳动过程中免遭或者减轻事故伤害及职业病危害的个体防护装备。劳动防护用品供劳动者个人随身使用，是保护劳动者不受职业危害的最后一道防线。

劳动防护用品的种类很多，可以分为以下十大类：

(1) 头部防护用品。主要有一般防护帽、防尘帽、防水帽、防寒帽、安全帽、防静电帽、防高温帽、防电磁辐射帽、防昆虫帽等。

(2) 呼吸防护用品。按防护功能主要分为防尘口罩和防毒口罩(面罩)，按形式又可分为过滤式和隔绝式两类。

(3) 眼面部防护用品。主要有防尘、防水、防冲击、防高温、防电磁辐射、防射线、防化学飞溅、防风沙、防强光等防护用品。

(4) 听力防护用品。主要有耳塞、耳罩和防噪声头盔。

(5) 手部防护用品。主要有一般防护手套、防水手套、防寒手套、防毒手套、防静电手套、防高温手套、防 X 射线手套、防酸碱手套、防油手套、防振手套、防切割手套、绝缘手套等。

(6) 足部防护用品。主要有防尘鞋、防水鞋、防寒鞋、防静电鞋、防酸碱鞋、防油鞋、防烫脚鞋、防滑鞋、防刺穿鞋、电绝缘鞋、防振鞋等。

(7) 躯干防护用品。主要有一般防护服、防水服、防寒服、防砸背心、防毒服、阻燃服、防静电服、防高温服、防电磁辐射服、耐酸碱服、防油服、水上救生衣、防昆虫服、防风沙服等。

(8) 护肤用品。主要有防毒、防腐、防射线、防油漆等不同功能的护肤用品。

(9) 坠落防护用品。主要有安全带、安全绳等。

(10) 其他劳动防护用品。

二、劳动防护用品的配备要求

为了加强用人单位劳动防护用品的管理，保护劳动者的生命安全和职业健康，依照《安全生产法》《职业病防治法》等法律、行政法规和规章，国家安全监督管理总局于 2015 年 12 月 29 日发布了《用人单位劳动防护用品管理规范》。

劳动防护用品的配备要求主要有：

（1）劳动防护用品是由用人单位提供的，保障劳动者安全与健康的辅助性、预防性措施，不得以劳动防护用品替代工程防护设施和其他技术、管理措施。

（2）用人单位应当安排专项经费用于配备劳动防护用品，不得以货币或者其他物品替代。该项经费计入生产成本，据实列支。

（3）用人单位应当为劳动者提供符合国家标准或者行业标准的劳动防护用品。使用进口的劳动防护用品，其防护性能不得低于我国相关标准。鼓励用人单位购买、使用获得安全标志的劳动防护用品。

（4）用人单位使用的劳务派遣工、接纳的实习学生应当纳入本单位人员统一管理，并配备相应的劳动防护用品。对处于作业地点的其他外来人员，必须按照与进行作业的劳动者相同的标准，配备和使用劳动防护用品。

（5）用人单位应当根据劳动者工作场所中存在的危险、有害因素种类及危害程度、劳动环境条件、劳动防护用品有效使用时间制定适合本单位的劳动防护用品配备标准。

（6）用人单位应当按照劳动防护用品发放周期定期发放，工作过程中损坏的，用人单位应及时更换。

（7）安全帽、呼吸器、绝缘手套等安全性能要求高、易损耗的劳动防护用品，应当按照有效防护功能最低指标和有效使用期，到期强制报废。

三、冶金企业常用的劳动防护用品

1. 防护服

防护服分为一般防护服和特殊防护服。具有特种防护性能的防护服有阻燃防护服、防火服、消防服、避火服、隔热服、消防指挥服、消防训练服、防化服等。防护服根据使用目的来区分，有以下几类：

（1）在处理一些气体、液体、固体等化学药品时穿用，是为了防止化学物质透过或浸过而使用的化学防护服。

（2）防止细菌、病毒等生物学的危险因子用的防生物危害防护服。

（3）防止放射性污染物质的放射性防护服。

（4）防止热和高温的耐燃服、避火服。

（5）火灾时，消防队员用的消防作业服和用防水素材做的防水服。

（6）在寒冷的野外或低温仓库等场所作业时用的耐寒服。

（7）防止来自高压电磁场及高周波电磁波的静电服、导电服及高周波电磁波用防护服。

（8）防止链锯、刃物、铳弹等切伤割伤的普通及特种防护服。

2. 安全帽

安全帽是防止冲击物伤害头部的防护用品，由帽壳、帽衬、下颊带和后箍组成。帽壳和帽衬之间留有一定空间，可缓冲、分散瞬时冲击力，从而避免或减轻对头部的直接伤害。

安全帽使用的注意事项包括：

（1）安全帽缓冲衬垫的松紧由带子调节，人的头顶比帽体内顶部至少要高 32 mm 才能使用。这种调节的目的是，当遭受冲击时，不仅帽体有足够的空间可供变形，也有利于头部和帽体之间的通风。

（2）使用时，不要把安全帽歪戴在脑后，否则会降低安全帽防护冲击的作用。

（3）使用时，安全帽带要系牢，否则就可能在物体坠落时，由于安全帽掉落而起不到防护作用，尤其是在装卸时应注意。如果安全帽不系牢，即使帽体与头顶之间有足够的空间，也不能充分发挥作用，而且当前后摆动时，安全帽容易脱落。

（4）帽体顶部在帽体内安装了帽衬，不要为了透气而随便在帽体上开孔，否则会使帽体强度显著降低。

（5）由于安全帽在使用过程中会逐渐损坏，因此要定期进行检查。仔细查看有无龟裂、下凹、裂痕和磨损等情况，如发现安全帽不合质量要求，必须更换。

（6）现场作业中，切记不得将安全帽脱下搁置一旁，或当坐垫使用。

3．安全带

安全带使用不当时就会增加冲击负荷，直接威胁人的生命安全。所以，在使用时应特别注意以下事项：

（1）水平拴挂。使用单腰带时，应将安全带系在腰部，绳的挂钩挂在和带同一水平的位置，人和挂钩之间保持差不多等于绳长的距离。这样，当坠落时，操作人员受到的摆动冲击负荷较垂直情况时的冲击负荷较小。但要注意，在摆动过程中不要和其他物体相碰。

（2）高挂低用。将安全带的绳挂在高处，人在下面工作，叫作高挂低用，这是一种较安全的挂绳法，可使实际冲击距离减小。绳挂在低处，人在上面作业的低挂高用则很不安全，因为实际冲击距离大，人和绳都要受到较大的冲击负荷。

（3）安全带使用后，要注意维护和保管，要经常检查安全带的缝制部分和挂钩部分，必须详细检查捻线是否发生断裂和磨损，要保证安全带经常处于完好状态。

4. 防尘口罩

防尘口罩的产品技术要求应符合《呼吸防护用品的选择、使用与维护》（GB/T 18664—2002）的规定。防尘口罩的分类见表3—3。

表3—3　防尘口罩的分类

过滤式			隔绝式			
自吸过滤式		送风过滤式	供气式		携气式	
半面罩	全面罩		正压式	负压式	正压式	负压式

（1）过滤式防尘口罩。过滤式防尘口罩是能把吸入的作业环境空气通过净化部件的吸附、吸收、催化或过滤等作用，除去其中有害物质后作为气源的呼吸防护用品，主要有自吸过滤式防尘口罩和送风过滤式防尘口罩。

1）自吸过滤式防尘口罩：是靠佩戴者呼吸克服部件阻力的过滤式呼吸防护用品，是工矿企业普遍使用的个人防尘用品，有半面型和全面型两种。半面型是指只把呼吸器官（口和鼻）盖住的口罩，全面型是指可把整个面部包括眼睛都盖住的口罩。

2）送风过滤式防尘口罩：是靠动力（如电动风机或手动风机）克服部件阻力的过滤式呼吸防护用品。

（2）隔绝式防尘口罩。隔绝式防尘口罩是能使佩戴者呼吸器官与作业环境隔绝，靠本身携带的气源或者依靠导气管引入作业环境以外的洁净气源的呼吸防护用品，有供气式防尘口罩和携气式防尘口罩两种。

1）供气式防尘口罩：佩戴者靠呼吸或借助机械力通过导气管引入清洁空气的隔绝式呼吸防护用品。

2）携气式防尘口罩：佩戴者携带空气瓶、氧气瓶或生氧器等作为气源的隔绝式呼吸防护用品。

5. 护目镜

护目镜的作用是防止飞来的物质颗粒、碎屑、火花、飞沫、热流、耀眼的光线、烟雾、熔融金属、有害光线等，对眼睛造成伤害。为使眼睛免遭伤害，根据防护对象的不同，可以分为防碎屑打击护目镜、防有害液体飞溅护目镜、防烟雾灰尘及各种有毒气体护目镜、防X射线护目镜、防微波及防高频射线护目镜等。

6. 防护手套

（1）防护手套的基本要求。防护手套应尽量不妨碍手的功能，使作业能顺利地进行。即防护手套必须根据作业条件的握力，拇指与其他四指必须能够相对运动，为了尽量发挥手的功能，所使用手套必须具有能够防护它们的相适用的形状。

（2）防护手套的使用。使用防护手套时，必须根据作业的性质、所从事的工种、设备情况进行分析，选择合适材料制作的、操作方便的手套。戴用防护手套能对手部起到防护作用，防止手遭到伤害。但操作钻床、铣床、刨床和传送机旁的操作人员禁止戴手套，以防被机械缠住或夹住。

7. 防护鞋

防护鞋包括护趾安全鞋、绝缘鞋（靴）和防滑鞋等。

（1）护趾安全鞋。为了防止物体坠落伤害事故发生，在搬运重物或装卸物料的作业中，必须使用护趾安全鞋。为了确保脚部不受伤害，对护趾安全鞋的强度要有一定的要求，即对鞋尖内衬要进行耐冲击性试验，凡达不到标准的禁止使用。

（2）绝缘鞋（靴）。绝缘鞋（靴）的作用在于把触电危害降低到最低限度。为了防止触电事故的发生，除了戴用绝缘手套外，还必须使用绝缘鞋（靴）。使用者应经常检查和维护绝缘鞋（靴），如发现受潮或磨损严重，应禁止使用。

（3）防滑鞋。在一般作业中，有时会发生滑倒而摔伤的事故，因此必须给予足够的重视。要注意，在有油垢的作业现场，一般防滑鞋的鞋底既容易膨胀而缩短使用寿命，又容易磨光而打滑。因此，在被油垢污染的作业现场，应该使用耐油性合成橡胶制作的防滑鞋。如果防滑鞋底被磨光滑后，起不到防滑作用时，应禁止使用。

8. 防毒面具

防毒面具作为个人防护器材，用于对人员的呼吸器官、眼睛及面部皮肤提供有效防护。防毒面具由面罩、导气管和滤毒罐组成，面罩可直接与滤毒罐或滤毒盒连接使用，称为直连式；或者用导气管与滤毒罐和滤毒盒连接使用，称为导管式。

按防护原理，防毒面具可分为过滤式防毒面具和隔绝式防毒面具。

（1）过滤式防毒面具。由面罩和滤毒罐（或过滤元件）组成。面罩包括罩体、眼窗、通话器、呼吸活门和头带（或头盔）等部件。

滤毒罐用以净化有毒气体，内装滤毒层和吸附剂，也可将这两种材料混合制成过滤板，装配成过滤元件。较轻的（200 g 左右）滤毒罐或过滤元件可直接连在面罩上，较重的滤毒罐通过导气管与面罩连接。

（2）隔绝式防毒面具。由面具本身提供氧气，分储气式、储氧式和化学生氧式三种。隔绝式面具主要在高浓度染毒空气（毒气体积分数大于1%时）中，或在缺氧的高处、水下或密闭舱室等特殊场合使用。

9. 护耳器

护耳器是保护人的听觉免受强烈噪声损伤的个人防护用品。如果采取降低噪声措施在技术上或经济上有困难，使用护耳器是经济和有效的办法。护耳器可分为耳塞、耳罩和防噪声头盔三类。

（1）耳塞。可插入外耳道内或插在外耳道的入口，适用于115 dB 以下的噪声环境。它有可塑式和非可塑式两种。可塑式耳塞用浸蜡棉纱、防声玻璃棉、橡皮泥等材料制成。使用者可随意改变形状，每件使用一次或几次。非可塑性耳塞又称通用型耳塞，用塑料、橡胶等材料制成，有大小不等的多种规格。

（2）耳罩。形如耳机，装在弓架上把耳部罩住，以使噪声衰减的装置。耳罩的噪声衰减量可达 10～40 dB，适用于噪声较高的环境。

（3）防噪声头盔。可把头部大部分保护起来，如再加上耳罩，防噪效果就更好。这种头盔具有防噪声、防碰撞、防寒、防暴风、防冲击波等功能，适用于强噪声环境。

四、劳动防护用品的正确使用和维护

劳动者在作业过程中，应当按照规章制度和劳动防护用品使用规则，正确佩戴和使用劳动防护用品。使用劳动防护用品应注意的事项有：

（1）用人单位应按照识别、评价、选择的程序，结合劳动者作业方式和工作条件，并考虑其个人特点及劳动强度，选择防护功能和效果适用的劳动防护用品。

（2）用人单位应当督促劳动者在使用劳动防护用品前，对劳动防护用品进行检查，确保外观完好、部件齐全、功能正常。

（3）用人单位应当对劳动者进行劳动防护用品的使用、维护等专业知识的培训。

（4）用人单位应当定期对劳动防护用品的使用情况进行检查，确保劳动者正确使用。

（5）用人单位应当对应急劳动防护用品进行经常性的维护、检修，定期检测劳动防护用品的性能和效果，保证其完好有效。例如，耳塞、口罩、面罩等用后应用肥皂、清水洗净，并用药液消毒、晾干。过滤式呼吸防护器的滤料要定期更换，以防失效。防止皮肤污染的工作服用后应集中清洗。

【事故案例】

2000年夏，安徽省某铁路货运场三名装卸工卸危险化学品硫酸。按正常程序，他们先将槽车上的出料管与输送管法兰连接好，对槽内加压。当压力达到要求后，硫酸仍没流出。随后采取放气减压打开槽口大盖，进行检查后发现槽内出料管堵塞。于是，三人将法兰拆开，用钢管插入出料管进行疏通。当出料管被捣通时管内喷出白色泡沫状液体，高达3 m多，溅到站在槽上的三人身上和面部。由于三人均没戴防护面罩，当时三人眼前一片漆黑，眼睛疼痛难忍，经用水清洗后送往医院，诊断为碱伤害。经半年多的治疗，三人视力均低于4.4

(0.2) 不等，且泪腺受损。

五、安全色和安全标志

《安全色》(GB 2893—2008) 规定红、黄、蓝、绿四种颜色为安全色。红色表示禁止、停止；黄色表示警告、注意；蓝色表示指令及必须遵守的规定；绿色表示安全、提示。

安全标志由安全色、几何图形和图形符号构成，是用来表达特定安全信息的标记，分为禁止标志、警告标志、指令标志和提示标志四类。

禁止标志的含义是禁止人们的不安全行为。例如：

禁止吸烟

禁止跨越

禁止饮用

警告标志的含义是提醒人们对周围环境引起注意，以避免可能发生的危险。例如：

注意安全

当心火灾

当心触电

指令标志的含义是强制人们必须作出某种动作或采取防范措施。例如：

必须戴防尘口罩

必须戴安全帽

必须系安全带

提示标志的含义是向人们提供某种信息（如标明安全设施或场所等）。例如：

紧急出口

避难处

可动火区

【相关知识】

安全标志一般设在醒目的地方，人们看到后有足够的时间来注意它所表示的内容，不能设在门、窗、架子等可移动的物体上，因为这些物体位置移动后安全标志就起不到作用了。

【事故案例】

某项广场工程，工人在桩内作业，同时有建筑施工单位交叉作业。塔吊在运送砖时，从吊篮中掉下一块方砖，恰好掉入井内，一砖角正击中井内作业人员的后脑部，当时没有发现，后在检查施工作业情况时发现人员受伤。

原因分析：交叉作业，安全管理不到位。桩口未设人监护，出事后，也未能及时发现。工人安全意识淡薄，由于施工正值夏季，天气炎热，施工工人未戴安全帽，未能有效防止伤害。

第八节 事故应急管理

一、应急救援的基本任务

事故应急救援是指通过事前计划和应急措施，在事故发生时采取的消除、减少事故危害和防止事故扩大，最大限度降低事故损失的措施。在生产过程中一旦发生事故，往往造成惨重的生命、财产损失和环境破坏。由于自然或人为、技术等原因，当事故或灾害不可能避免的时候，建立重大事故应急救援体系，组织及时有效的应急救援行动，已成为抵御事故风险或控制灾害蔓延、降低危害后果的关键甚至是唯一手段。

事故应急救援的基本任务包括以下几个方面：

（1）立即组织营救受害人员，组织撤离或者采取其他措施保护危害区域内的其他人员。抢救受害人员是应急救援的首要任务。在应急救援行动中，快速、有序、有效地实施现场急救与安全转送伤员，是降低伤亡率、减少事故损失的关键。由于重大事故发生突然、扩散迅速、涉及范围广、危害大，应及时指导和组织群众采取各种措施进行自身防护，必要时迅速撤离出危险区或可能受到危害的区域。在撤离过程中，应积极组织群众开展自救和互救工作。

（2）迅速控制事态，并对事故造成的危害进行检测、监测，测定事故的危害区域、危害性质及危害程度。只有及时地控制住危险源，防止事故继续扩展，才能及时有效地进行救援。

（3）消除危害后果，做好现场恢复。

（4）查清事故原因，评估危害程度。事故发生后应及时调查事故发生的原因和事故性质，评估出事故的危害范围和危险程度，总结救援工作中的经验和教训。

二、应急管理过程

应急管理是一个动态的过程，体现了“预防为主、常备不懈”的应急思想，包括预防、准备、响应和恢复四个阶段。尽管在实际情况中这些阶段往往是交叉的，但每一阶段都有其明确的目标，而且每一阶段又是构筑在前一阶段的基础之上，因而预防、准备、响应和恢复的相互关联，构成了事故应急管理的循环过程。

（1）预防。一是预防事故发生，实现本质安全。二是减少事故损失。从长远看，低成本、高效率的预防措施是减少事故损失的关键。

（2）准备。准备是指为有效应对突发事件而事先采取的各种措施的总称，包括应急机构的建立和职责落实、预案的编制、应急队伍的建设、应急设备（施）与物资的准备和维护、预案的演练、与外部应急力量的衔接等。

（3）响应。响应是在事故发生后立即采取的应急与救援行动，包括事故的报警与通报、人员疏散、急救与医疗、消防和工程抢险措施、信息收集与应急决策和外部救援等。及时响应是应急管理的主要原则。应急响应是应对突发事件的关键阶段、实战阶段，考验着政府和企业的应急处置能力。

（4）恢复。恢复工作应在事故发生后立即进行，包括事故损失评估、原因调查、清理废墟等。恢复工作包括短期恢复和长期恢复。在短期恢复工作中，应注意避免出现新的突发事件。在长期恢复工作中，应汲取突发事件应急工作的经验教训，开展进一步的突发事件预防工作和减灾行动。

【事故案例】

2007 年 7 月 29 日 8 时 40 分左右，河南陕县某煤矿东风井因暴雨引发地面洪水，经露头铝土矿坑和矿井老巷渗入井下，冲垮三道密闭，导致巷道被淹。矿方立即组织井下人员撤离，33 人及时升井，

69 人被困井下。

事故发生后，国家领导人作出重要批示，要求全力施救、科学施救，严防次生事故发生，确保被困矿工的生命安全。救援指挥部根据现场实际情况，制定了一堵、二排、三通风的科学救援方案。8 月 1 日 12 时 54 分，随着最后一名矿工的安全升井，69 名矿工在井下被困 75 个多小时后全部生还。

三、事故应急预案的分类

应急预案按功能与目标可以划分为三类：综合预案、专项预案和现场预案。它们之间的层次关系如图 3—1 所示。

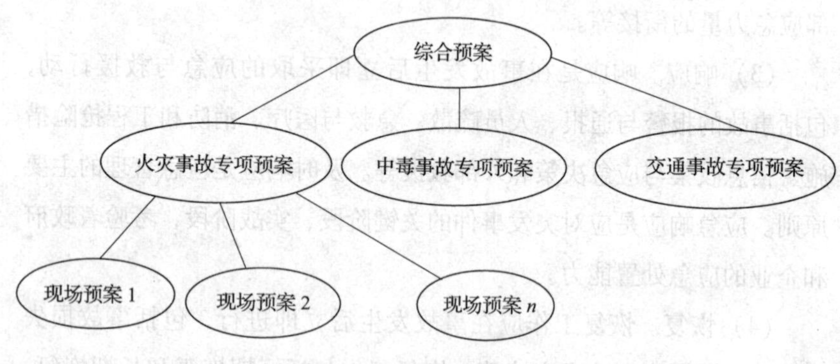

图 3—1 应急预案的层次关系

（1）综合预案。相当于总体预案，从总体上阐述应急预案的方针、政策、应急组织结构及相应的职责，应急行动的总体思路等。

（2）专项预案。是针对某种具体的、特定类型的紧急情况，如危险物质泄漏、火灾、煤气中毒、某一自然灾害等的应急而制定的。

（3）现场处置预案（现场预案）。是在专项预案的基础上，根据具体情况而编制的。是针对特定的具体场所（即以现场为目标），通常是该类型事故风险较大的场所、装置或重要防护区域等所制定的预案。现场处置预案的另一种特殊形式是单项预案，是针对临时活动中可能出现的紧急情况，预先对相关应急机构的职责、任务和预防性措施作出的安排。

四、应急预案的主要内容

根据国家标准《生产经营单位生产安全事故应急预案编制导则》（GB/T 29639—2013），应急预案的主要内容如下：

1．综合应急预案的主要内容

（1）总则。

（2）事故风险描述。

（3）应急组织机构及职责。

（4）预警及信息报告。

（5）应急响应。

（6）信息公开。

（7）后期处置。

（8）保障措施。

（9）应急预案管理。

2．专项应急预案的主要内容

（1）事故风险分析。

（2）应急指挥机构及职责。

（3）处置程序。

（4）处置措施。

3．现场处置预案的主要内容

（1）事故风险分析。

（2）应急工作职责。

（3）应急处置。

（4）注意事项。

五、应急演练的类型

应急演练是指各级政府部门、企事业单位、社会团体，组织相关应急人员与群众，针对特定的突发事件假想情景，按照应急预案所规定的职责和程序，在特定的时间和地域，执行应急响应任务的训练活动。

根据应急演练的组织方式、演练内容和演练目的、作用等，可以对应急演练进行分类，目的是便于演练的组织管理和经验交流。

1. 按组织方式分类

应急演练按照组织方式及目标重点的不同，可以分为桌面演练和实战演练等。

（1）桌面演练。桌面演练是一种圆桌讨论或演习活动，其目的是使各级应急部门、组织和个人明确和熟悉应急预案中所规定的职责和程序，提高协调配合及解决问题的能力。桌面演练的情景和问题通常以口头或书面叙述的方式呈现，也可以使用地图、沙盘、计算机模拟、视频会议等辅助手段。

（2）实战演练。实战演练是以现场实战操作的形式开展的演练活动。参演人员在贴近实际状况和高度紧张的环境下，根据演练情景的要求，通过实际操作完成应急响应任务，以检验和提高相关应急人员的组织指挥、应急处置以及后勤保障等综合应急能力。

2. 按演练内容分类

应急演练按照内容，可以分为单项演练和综合演练两类。

（1）单项演练。单项演练是指只涉及应急预案中特定应急响应功能或现场处置方案的演练活动。注重针对一个或少数几个参与单位（岗位）的特定环节和功能进行检验。

（2）综合演练。综合演练是指涉及应急预案中多项或全部应急响应功能的演练活动。注重对多个环节和功能进行检验，特别是对不同单位之间应急机制和联合应对能力的检验。

3．按演练目的和作用分类

应急演练按照其目的与作用，可以分为检验性演练、示范性演练和研究性演练。

（1）检验性演练。主要是指为了检验应急预案的可行性及应急准备的充分性而组织的演练。

（2）示范性演练。主要是指为了向参观、学习人员提供示范，为普及宣传应急知识而组织的观摩性演练。

（3）研究性演练。主要是指为了研究突发事件应急处置的有效方法，试验应急技术、设施和设备，探索存在问题的解决方案等而组织的演练。

不同演练组织形式、内容及目的的交叉组合，可以形成多种多样的演练方式，如单项桌面演练、综合桌面演练、单项实战演练、综合实战演练、单项示范演练、综合示范演练等。

六、冶金企业生产事故的紧急处置

根据生产特点和实际情况，冶金企业具有较大风险的灾害事故主要包括高炉垮塌事故，煤粉爆炸事故，钢水、铁水爆炸事故，煤气火灾、爆炸事故，煤气、硫化氢、氰化氢等中毒事故，氧气火灾事故。

针对上述事故特点，事故发生单位和现场应急救援指挥部应参照下列处置方案和处置要点开展工作。

1. 一般处置方案

(1) 在做好事故应急救援工作的同时，迅速组织群众撤离事故危险区域，维护好事故现场和社会秩序。

(2) 迅速撤离、疏散现场人员，设置警示标志，封锁事故现场和危险区域，同时设法保护相邻装置、设备，防止事态进一步扩大和引发次生事故。

(3) 参加应急救援的人员必须受过专门的训练，配备相应的防护（隔热、防毒等）装备及检测（毒气检测等）仪器。

(4) 立即调集外伤、烧伤、中毒等方面的医疗专家对受伤人员进行现场医疗救治，适时进行转移治疗。

(5) 掌握事故发展情况，及时修订现场救援方案，补充应急救援力量。

2. 高炉垮塌事故紧急处置

发生高炉垮塌事故，铁水、炽热焦炭、高温炉渣可能导致爆炸和火灾；高炉喷吹的煤粉可能导致煤粉爆炸；高炉煤气可能导致火灾、爆炸；高炉煤气、硫化氢等有毒气体可能导致中毒等事故。处置高炉垮塌事故时要注意：

(1) 妥善处置和防范由炽热铁水、煤粉尘、高炉煤气、硫化氢等导致的火灾、爆炸、中毒事故。

(2) 及时切断所有通向高炉的能源供应，包括煤粉、动力电源等。

(3) 监测事故现场及周边区域（特别是下风向区域）空气中的

有毒气体浓度。

（4）必要时，及时对事故现场和周边地区的有毒气体浓度进行分析，划定安全区域。

3．煤粉爆炸事故紧急处置

在密闭生产设备中发生的煤粉爆炸事故可能发展成为系统爆炸，摧毁整个烟煤喷吹系统，甚至危及高炉；抛射到密闭生产设备以外的煤粉可能导致二次粉尘爆炸和次生火灾，扩大事故危害。处置煤粉爆炸事故时要注意：

（1）及时切断动力电源等能源供应。

（2）严禁贸然打开盛装煤粉的设备灭火。

（3）严禁用高压水枪喷射燃烧的煤粉。

（4）防止燃烧的煤粉引发次生火灾。

4．钢水、铁水爆炸事故紧急处置

（1）严禁用水喷射钢水、铁水降温。

（2）切断钢水、铁水与水进一步接触的任何途径。

（3）防止四处飞散的钢水、铁水引发火灾。

5．煤气火灾、爆炸事故紧急处置

及时切断所有通向事故现场的能源供应，包括煤气、电源等，防止事态的进一步扩大。

6．煤气、硫化氢、氰化氢等中毒事故紧急处置

（1）迅速查找泄漏点，切断气源，防止有毒气体继续外泄。

（2）迅速向当地人民政府报告。

（3）设置警戒线，向周边居民群众发出警报。

7．氧气火灾事故紧急处置

（1）在保证救援人员安全的前提下，迅速堵漏或切断氧气供应渠道，防止氧气继续外泄。

（2）对氧气火灾导致的烧伤人员采取特殊的救护措施。

【事故案例】

2009 年 3 月 21 日 8 时 30 分，某冶金建设公司曹妃甸工程项目部闻某带领 2 名工人到某钢铁公司连铸车间水泵房除盐水池（长 20 m、宽 4. 6 m、高 3. 65 m，容积约 320 m^3）进行池壁渗漏修复作业。事先业主已将水池水位降至溢流最低点（池内剩余水深约 0. 5 m）。13 时 45 分左右，闻某等 2 人先后下到池底（池内余水已在当天中午前排除），相继晕倒。电工张某等 2 人闻讯下池救人，也晕倒在除盐水池内。电工安某顺爬梯下到水池一半高度时，发现池内已有 4 人倒地，感觉情况异常顺爬梯回到水池上面。管道安装工段长郭某带人赶至事故现场，误以为是触电导致下池人员晕倒，在断电后让管道工杨某下池救人，导致杨某缺氧窒息倒在池内。至此，除盐水池内共 5 人窒息晕倒，送医院医治无效死亡。

事故的直接原因是：有关人员在除盐水池内作业过程中，违反《缺氧危险作业安全规程》（GB 8958—2006），在未经检测、不明池内环境和缺乏有效通风换气措施保障（作业人员在作业前准备了通风换气用的轴流风机，但在实际工作时没有使用）的情况下，贸然在缺氧危险场所作业。事故是因稳压罐内氮气随回水管道反窜到除盐水池内，造成池内氮气含量超标、严重缺氧，导致作业人员下池后窒息死亡。

事故的间接原因包括：

（1）某冶金建设公司曹妃甸工程总项目经理部对地上有限空间

缺氧危险作业危险性认识不足，事前没有制定相应的安全措施和安全预案。

（2）对公司职工安全教育培训不到位，作业人员安全知识水平匮乏，安全意识低。

（3）现场施救人员缺乏必要的救护知识，盲目施救，致使施救人员缺氧窒息，导致事故扩大。

（4）作业人员进行除盐水池防渗漏修复作业施工过程时，没有实施有效的安全监管。

（5）对外埠施工单位存在安全监管不到位的问题。

第九节 事故应急救护知识

一、事故应急救护的原则

（1）遇到伤害事故发生时，不要惊慌失措，要保持镇静，并设法维持好现场的秩序。

（2）在周围环境不危及生命的条件下，一般不要随便搬动伤员。

（3）暂不要给伤员喝任何饮料和进食。

（4）如发生意外而现场无人时，应向周围大声呼救，请求来人帮助或设法联系有关部门，不要单独留下伤员而无人照管。

（5）遇到严重事故、灾害或中毒时，除急救呼叫外，还应立即向当地政府安全生产监督管理部门及卫生、公安等有关部门报告，报告现场在什么地方、伤员有多少、伤情如何、做过什么处理等。

（6）伤员较多时，根据伤情对伤员进行分类抢救，处理的原则是先重后轻、先急后缓、先近后远。

(7) 对呼吸困难、窒息和心跳停止的伤员，立即将伤员头部置于后仰位，托起下颌，使呼吸道畅通，同时施行人工呼吸、胸外心脏按压等复苏操作，原地抢救。

(8) 对伤情稳定、估计转运途中不会加重伤情的伤员，迅速组织人力，利用各种交通工具分别转运到附近的医疗机构急救。

(9) 现场抢救的一切行动必须服从有关领导的统一指挥。

二、常用应急救护技术

1. 常用止血法

(1) 止血带止血法。当现场出现有四肢大血管出血，尤其是动脉出血时，应用止血带止血法进行止血。止血带止血法适用范围是：受伤肢体有大而深的伤口，血流速度快；肢体完全断离或部分断离；多处受伤，出血量大或受伤部位能看见喷泉样出血。

救治时，可用橡皮管，也可以用纱布、毛巾、布带或绳子等绕肢体绑扎，打结固定（打结前应注意将伤肢提高，防止瘀血而加快失血），可在结内（或结下）穿一根短木棍，转动木棍，绞紧止血带，直到不再流血为止，不能过紧或过松，然后把木棍固定在肢体上。

止血带不宜直接与伤员的皮肤接触，需要垫上衣服或棉花、纱布等。扎好止血带后，应尽快把伤员送往医院，途中每隔 1 ~ 2 min 要松开一次，然后在另一高位扎紧，保持血液循环。止血带的位置不要离出血点太远，通常绑扎止血带的位置是上臂或大腿上 1/3 处。

(2) 指压止血法。指压止血法是常用的止血方法，在外伤出血时应首先采用。适用范围是：小静脉出血；毛细血管出血；头部、躯体、四肢及身体各部位伤口。如果是动脉出血应与止血带配合使用。一个人负了伤，只要立刻果断地用手指或手掌用力压紧伤口附近靠近心脏一端的动脉跳动处，并把血管紧压在骨头上，就能很快收到临时止血的效果。根据受伤部位的不同，应选择不同的指压点。

1）如果是头后部出血，可在耳后乳突与枕部之间压迫枕动脉止血。如果是头部前半部出血，可在耳前对着下颌关节点压迫颌动脉止血。

2）如果是颈部出血，可在颈部胸锁乳突肌内侧压迫锁骨下动脉止血。如果是面部眼以下及口腔侧出血，可在下颌角前约 2 cm 处的凹内压迫下颌动脉止血。

3）如果是上肢出血，可根据不同的出血部位分别压迫锁骨下动脉、肱动脉、桡动脉或尺动脉止血。

4）如果是下肢出血，可压迫股动脉止血。

2. 人工呼吸法

急救采用人工呼吸法时，应注意以下事项：

（1）使处于昏迷、失去知觉或假死状态的伤员仰卧，迅速解开其围巾、领口、紧身衣扣并放松腰带，颈部下方可以适当垫起以利呼吸畅通，切不可在头部下方垫物。同时，还应再一次检查伤员是否已停止呼吸。

（2）把伤员的头侧向一边，清除口腔中的假牙、血块、黏液等异物。如舌根下陷，应把舌头拉出，使呼吸道畅通。如果伤员牙关紧闭，可用小木片、小金属片等坚硬物品从其嘴角插入牙缝，慢慢撬开嘴巴。

（3）使伤员的头部尽量后仰，鼻孔朝天，下颌尖部与前胸部大体保持在一条水平线上，如图 3—2a 所示。这样，舌根部就不会阻塞气道。

(4) 救护人员蹲跪在伤员头部左侧或右侧，一只手捏紧伤员的鼻孔，另一只手的拇指和食指掰开嘴巴，如图 3—2b 所示。如掰不开伤员的嘴巴，可用口对鼻人工呼吸法，捏紧伤员的嘴巴，紧贴鼻孔吹气。

(5) 深吸气后，紧贴掰开的嘴巴吹气，如图 3—2c 所示。吹气时可隔一层纱布或毛巾。吹气时要使伤员的胸部膨胀，每 5 s 吹一次，每次吹 2 s。

(6) 吹气后，应立即离开伤员的口（鼻），并松开伤员的鼻孔（或嘴唇），让其自由呼吸，如图 3—2d 所示。

(7) 在人工呼吸的过程中，若发现伤员有轻微的自然呼吸时，人工呼吸应与自然呼吸的节律相一致。当自然呼吸有好转时，可暂停人工呼吸数秒并密切观察伤员情况。若伤员的自然呼吸仍不能完全恢复，应立即继续进行人工呼吸，直至呼吸完全恢复正常为止。

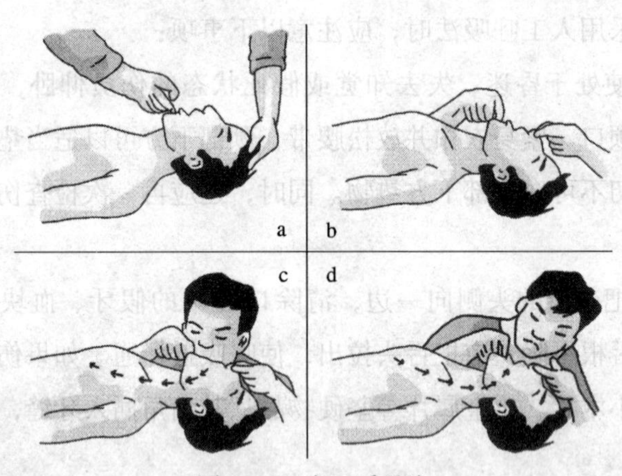

图 3—2　人工呼吸法

3. 胸外心脏按压法

胸外心脏按压法（见图 3—3）的基本要领有以下几点：

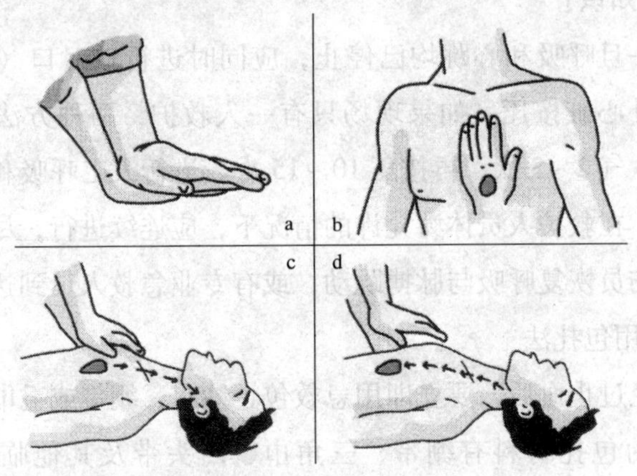

图 3—3 胸外心脏按压法

(1) 使伤员仰卧在比较坚实的地面或地板上，解开伤员的衣扣，清除其口内异物，然后进行急救。

(2) 救护人员蹲跪在伤员腰部一侧，或跨跪在其腰部。将掌根部放在被救护者胸骨下 1/3 的部位，即把中指尖放在其颈部凹陷的下边缘，手掌的根部就是正确的压点。

(3) 救护人员两臂肘部伸直，掌根略带冲击地用力垂直下压，压陷深度为 3 ~5 cm。成人每秒钟按压一次，太快和太慢效果都不好。

(4) 按压后，掌根迅速全部放松，让伤员胸部自动复原。放松时掌根不必完全离开胸部。

按以上步骤连续不断地进行操作，每秒钟一次。按压时定位必须准确，压力要适当，不可用力过大过猛，以免挤压出胃中的食物，堵塞气管，影响呼吸，或造成肋骨折断、气血胸和内脏损伤等。也不能用力过小而起不到按压的作用。

【相关知识】

伤员一旦呼吸和心跳均已停止，应同时进行口对口（鼻）人工呼吸和胸外心脏按压。如果现场只有一人救护，两种方法应交替进行，每次吹气 2 ~ 3 次，再按压 10 ~ 15 次。进行人工呼吸和胸外心脏按压急救，在救护人员体力允许的情况下，应连续进行，尽量不要停止，直到伤员恢复呼吸与脉搏跳动，或有专业急救人员到达现场。

4. 常用包扎法

伤员经过止血后，要立即用急救包、纱布、绷带或毛巾等包扎起来。常用的包扎材料有绷带、三角巾、四头带及其他临时代用品（如干净的手帕、毛巾、衣物、腰带、领带等）。绷带包扎一般用于受伤的肢体和关节，固定敷料或夹板和加压止血等。三角巾包扎主要用于包扎、悬吊受伤肢体，固定敷料，固定骨折等。四头带包扎主要用于鼻部、下颌、前额及后头部创伤的包扎。常用的包扎法如下：

(1) 头顶式包扎法。外伤在头顶部可用此法。如图 3—4 所示，把三角巾底边折叠两指宽，中央放在前额，顶角拉向后脑，两底角拉紧，经两耳上方绕到头的后枕部，并压着顶角，再交叉返回前额打结。如果没有三角巾，也可改用毛巾。先将毛巾横盖在头顶上，前两角反折后拉到后脑打结，后两角各系一根布带，左右交叉后绕到前额打结。

图 3—4　头顶式包扎法

（2）单眼包扎法。如果眼部受伤，可将三角巾折成四指宽的带形，斜盖在受伤的眼睛上。三角巾长度的 1/3 向上，2/3 向下。其下部一端从耳下绕到后脑，再从另一只耳上绕到前额，压住眼上部一端，然后将上部一端向外翻转，向脑后拉紧，与另一端打结，如图 3—5 所示。

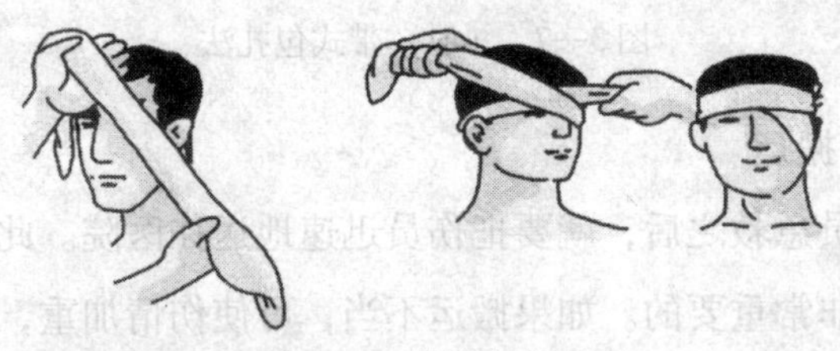

图 3—5　单眼包扎法

（3）三角形上肢包扎法。如果伤员的上肢受伤，可把三角巾的一底角打结后套在受伤的那只手臂的手指上，把另一底角拉到对侧肩上，用顶角缠绕上臂，并用顶角上的小布带包扎。然后将受伤的前臂弯曲到胸前，接近直角形，最后把两底角打结，如图 3—6 所示。

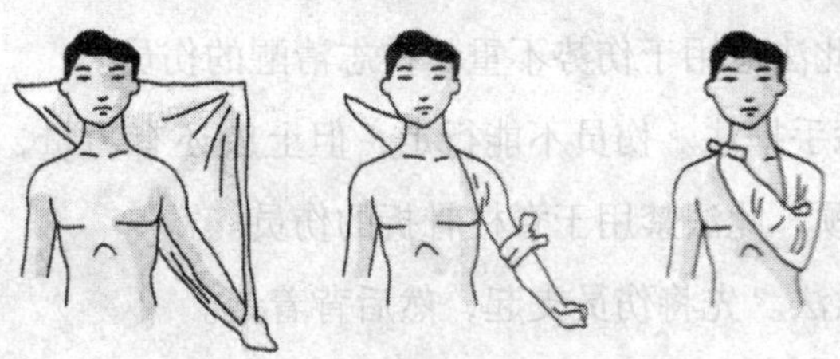

图 3—6　三角形上肢包扎法

（4）（肘）带式包扎法。根据伤肢的受伤情况，把三角巾折成适当宽度，呈带状，然后把它的中段斜放在膝（肘）的伤处，两端拉向膝（肘）后交叉，再缠绕到膝（肘）前外侧打结固定，如图 3—7 所示。

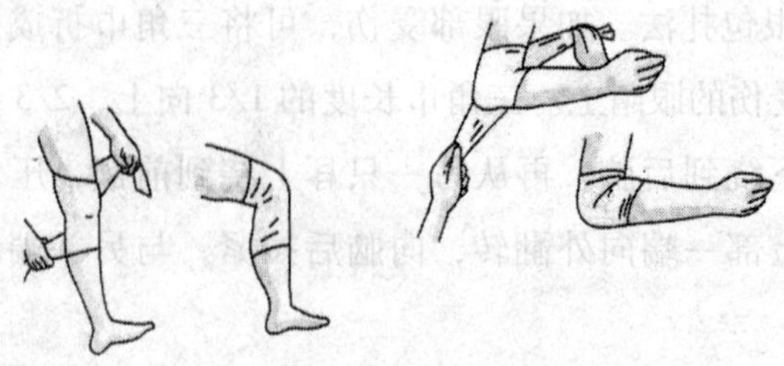

图 3—7 （肘）带式包扎法

5. 伤员搬运

在对伤员急救之后，就要把伤员迅速地送往医院。此时，正确地搬运伤员是非常重要的。如果搬运不当，可使伤情加重，严重时还可能造成神经、血管损伤，甚至瘫痪，难以治疗。因此，对伤员的搬运应十分小心。

(1) 如果伤员伤势不重，可采用扶、掮、背、抱的方法将伤员运走。

1）单人扶着行走。左手拉着伤员的手，右手扶住伤员的腰部，慢慢行走。此法适用于伤势不重、神志清醒的伤员。

2）肩膝手抱法。伤员不能行走，但上肢还有力量，可让伤员钩住搬运者脖颈。此法禁用于脊柱骨折的伤员。

3）背驮法。先将伤员支起，然后背着走。

4）双人平抱着走。两个搬运者站在同侧，抱起伤员走。

(2) 针对不同伤情，应采用不同的搬运法。

1）脊柱骨折伤员的搬运。对于脊柱骨折的伤员，一定要用木板做的硬担架抬运。应由 2 ~4 人搬运，使伤员成一线起落，步调一致。切忌一人抬胸，一人抬腿。将伤员放到担架上以后，要让其平卧，腰部垫一个靠垫，然后用3~4根皮带把伤员固定在木板上，以免在搬运中滚动或跌落，造成脊柱移位或扭转，刺激血管和神经，使下肢瘫痪。无担架、木板，需众人用手搬运时，抢救者必须有一人双手托住伤者腰部，切不可单独一人用拉、拽的方法抢救伤者，否则易把伤者的脊柱神经拉断，造成下肢永久性瘫痪的严重后果。

2）颅脑伤昏迷者的搬运。要两人以上搬运，重点保护头部。将伤员放到担架上，采取半卧位，头部侧向一边，以免呕吐物阻塞气道而窒息。如有暴露的脑组织，应加以保护。抬运前，头部给一软枕，膝部、肘部应用衣物垫好，头颈部两侧垫衣物，以使颈部固定，防止来回摆动。

3）颈椎骨折伤员的搬运。搬运时，应由一人稳定头部，其他人以协调力量将其平直抬到担架上，头部左右两侧用衣物、软枕加以固定，防止左右摆动。

4）腹部损伤者的搬运。严重腹部损伤者，多有腹腔脏器从伤口脱出，可采用布带、绷带做一个略大的环圈盖住加以保护，然后固定。搬运时采取仰卧位，并使下肢屈曲，防止腹压增加而使肠管继续脱出。

三、常见事故的救护方法

1. 触电事故的急救

触电事故急救的基本原则是动作迅速、方法正确。有资料指出，从触电后1 min开始救治者，90%有良好效果；从触电后6 min开始救治者，10%有良好效果；而从触电后12 min开始救治者，救活的可能性很小。触电事故的主要急救方法如下：

（1）脱离电源。发现有人触电后，应立即关闭开关，切断电源。

同时，用木棒、皮带、橡胶制品等绝缘物品挑开触电者身上的带电物体。立即拨打报警电话。需防止触电者脱离电源后可能的摔伤，特别是当触电者在高处的情况下，应考虑采取防摔措施。

（2）解开妨碍触电者呼吸的紧身衣服，检查触电者的口腔，清理口腔黏液，如有假牙，则应取下。

（3）立即就地抢救。当触电者脱离电源后，应根据触电者的具体情况，迅速对症救护。现场应用的主要救护方法是人工呼吸法和胸外心脏按压法。应当注意，急救要尽快进行，不能等候医生的到来，在送往医院的途中，也不能中止急救。

（4）如有电烧伤的伤口，应包扎后到医院就诊。

2. 高处坠落事故的急救

（1）现场急救。对于高处坠落到地面的伤员，应初步检查伤情，不能随便搬动或摇动患者，必须立即向社会医疗机构呼救。如有肢体大量出血，应在保持患者体位不动的情况下采取适当措施及时止血，并进行初步包扎。如果现场确定四肢骨折，应按正确方法及时进行固定。

（2）伤员搬运

1）对怀疑有脊柱骨折的患者，在搬运和转送过程中，不能前屈或扭转颈部和躯干，应使脊柱伸直，不得采取一人抱胸、一人扶腿的方法搬运。伤员上下担架应由3～4人分别抱头、托胸（肩、臀）、抬胳膊（腿），保持动作一致平稳，避免脊柱弯曲扭动，防止加重伤情。

2）应对创伤局部做妥善包扎，但对疑似颅底骨折和脱离危险的脑脊液漏患者切忌做填塞，以免导致颅内感染。应及时进行创伤包扎和骨折固定。

3）对于复合伤患者应平仰卧位，保持呼吸道畅通，解开衣领扣（冬季应采取保暖措施）。

3．烧伤事故的救护

火焰、开水、蒸汽、热液体或固体直接接触人体引起的烧伤，都属于热烧伤。热烧伤的救护方法如下：

（1）轻度烧伤尤其是不严重的肢体烧伤，应立即用清水冲洗或将患肢浸泡在冷水中 10～20 min，如不方便浸泡，可用湿毛巾或布单盖在患部，然后浇冷水，以使伤口尽快冷却降温，减轻损伤。穿着衣服的部位如烧伤严重，不要先脱衣服，否则易使烧伤处的水疱、皮肤一同撕脱，造成伤口创面暴露，增加感染机会。应立即向衣服上面浇冷水，待衣服局部温度快速下降后，再轻轻脱去衣服或用剪刀剪开，褪去衣服。

（2）若烧伤处已有水疱形成，则不要随便弄破小水疱，大水疱应到医院处理或用消过毒的针刺小孔排出疱内液体，以免影响创面修复，增加感染机会。

（3）烧伤创面一般不做特殊处理，不要在创面上涂抹任何有刺激性的液体或不清洁的粉或油剂，只需保持创面及周围清洁即可。较大面积烧伤用清水冲洗清洁后，最好用干净纱布或布单覆盖创面，并尽快送往医院治疗。

（4）火灾引起烧伤时，伤员应立即脱去着火的衣服，如果一时难以脱下来，可让伤员卧倒在地滚压灭火，或用水浇灭火焰。切勿带火奔跑或用手拍打，否则可能使得火借风势越烧越旺，手也会被烧伤。也不可在火场大声呼救，以免导致呼吸道烧伤。要用湿毛巾捂住口、鼻，以防烟雾吸入导致窒息或中毒。

4. 中毒窒息事故的救护

(1) 通风。加强全面通风或局部通风，用大量新鲜空气对中毒区的有毒有害气体浓度进行稀释冲淡，待有害气体浓度降到容许浓度时，方可进入现场抢救。

(2) 做好防护工作。救护人员在进入危险区域前必须戴好防毒面具、带自救器等防护用品，必要时也应给中毒者戴上。迅速将中毒者从危险的环境转移到安全、通风的地方，如果伤员失去知觉，可将其放在毛毯上提拉，或抓住衣服，头朝前地转移出去。

(3) 对于一氧化碳中毒，如果中毒者还没有停止呼吸，则应立即松开中毒者的领口、腰带，使中毒者能够顺畅地呼吸新鲜空气；如果呼吸已停止但心脏还在跳动，则应立即进行人工呼吸，同时针刺人中穴；若心脏跳动也停止了，应迅速进行胸外心脏按压，同时进行人工呼吸。

(4) 对于硫化氢中毒者，在进行人工呼吸之前，要用浸透食盐溶液的棉花或手帕盖住中毒者的口、鼻。

(5) 如果是瓦斯或二氧化碳窒息，情况不太严重时，可把窒息者移到空气新鲜的场所稍作休息；若窒息时间较长，就要进行人工呼吸抢救。

(6) 如果毒物污染了眼部和皮肤，应立即用清水冲洗。对于口服毒物的中毒者，应设法催吐，简单有效的办法是用手指按压舌根。若误服腐蚀性毒物，可口服牛奶、蛋清、植物油等对消化道进行保护。

(7) 救护中，抢救人员一定要沉着，动作要迅速。对任何处于昏迷状态的中毒人员，必须尽快送往医院进行急救。

【事故案例】

2014 年 3 月 23 日，云南省玉溪市某钢铁集团有限公司高速线材厂两名员工在处理加热炉煤气阀站盲板阀故障时，发生煤气中毒而晕倒。高速线材厂其他员工看见该二人晕倒后，纷纷进入车间进行施救，但由于施救方法不当，多人出现不同程度中毒。事故造成 2 人死亡、17 人受伤。

事故的原因如下：

（1）管理制度不健全。在复产引煤气时没有制定实施方案，缺少煤气作业的审批和确认等制度及安全操作规程。

（2）违规操作。在调节阀开启状态下启动盲板阀，造成盲板阀开启过程中受压过大，电动机烧坏，致使煤气泄漏。

（3）违章指挥。该厂厂长在不佩戴任何防护装备的情况下处理现场故障，致使其中毒倒下，导致伤亡事故发生。

（4）防护装备维护不善。事故救援时，现场仅有的两台空气呼吸器在使用不到 2 min 便失效。

（5）盲目施救。多人多次在未佩戴防护装备的情况下进行施救，导致事故扩大。

第四章 安全生产技术知识

第一节　金属冶炼安全生产技术

一、烧结安全生产技术

1. 生产特点

烧结是把含铁废弃物与精矿粉烧结成块用作炼铁的原料。其工艺过程是按炼铁的要求，将细粒含铁原料与熔剂和燃料进行配料，经造球、点火、燃烧，所得成品在经过破碎、筛分、冷却、整粒后运往炼铁厂。

2. 烧结安全生产技术及事故预防措施

（1）铁精矿运输。铁精矿是烧结生产的主要原料，在选矿厂生产过程中，常夹杂着大块和其他杂物，在胶带运输中经常发生堵塞、撕裂皮带，甚至进入配料圆盘使排料口堵塞事故。处理时易发生人身伤害事故。

为避免以上事故，胶带机的各种安全设施要齐全，保证灵活、可靠，并应实现自动化控制。

（2）由于工艺的需要，在烧结配料中还应加入富矿粉、钢渣等，以提高烧结矿的质量和产量，高炉瓦斯灰、转炉炉尘用干法处理。

(3) 生石灰的处理。生石灰进场时，不应含水，一般采用密闭式运输。否则，遇水局部熟化，以致喷出伤人，在配水时也不能加水过多。

(4) 燃料细碎，要求来料不得夹有大块，设专人在给料胶带上挑大块，并设有吸铁器，挑出废钢铁。

3. 主要设备存在的不安全因素及防护措施

(1) 抽风机。抽风机能否正常运行直接关系着烧结矿的质量。抽风机存在的不安全因素是转子不平衡运动中发生振动。针对这一问题，在更换新的叶轮前应当对其进行平衡试验；提高除尘效率，改善风机工作条件；适当加长、加粗集气管，使废气及粉尘在管中流速减慢，增大灰尘沉降效率。同时，加强二级除尘器的检修和维护。

(2) 带式烧结机。带式烧结机存在的不安全因素是烧结机的机体又大又长，生产与检修工人会因联系失误而造成事故。随着烧结机长度的增加，台车跑偏现象也很严重；受高温的变化，易产生过热“塌腰”现象。所以，应当为烧结机的开、停设置必要的联系信号，并设立一定的保护装置。

(3) 翻车机。如果翻车机联络工和司机联系失误，车皮未能对正站台车即行翻车，会发生站台车及旋转骨架撞坏事故；工人处理事故易发生挤手、砸脚事故。

4. 除尘与噪声防治

(1) 烧结厂除尘。烧结过程中，产生大量的粉尘、废气、废水，含有硫、铝、锌、氟、钒、钛、一氧化碳、二氧化硅等有害成分，严重地污染环境，因此应抽风除尘。烧结机抽风一般采用两级除尘：第一级集尘管集尘和第二级除尘器除尘。大型烧结厂多用多管式，而中小型烧结厂除了用多管式外还常用旋风式除尘器。

（2）烧结厂的噪声防治。烧结厂的噪声主要来源于高速运转的设备。这些设备主要有主风机、冷风机、通风除尘机、振动筛、破碎机等。对噪声的防治，应当采用改善和控制设备本身产生噪声的做法，即采用符合声学要求的吸、隔声与抗震结构的最佳设备设计，选用优质的材料，提高制造质量，对于超过单机噪声允许标准的设备则需要进行综合治理。

【事故案例】

2014 年 4 月 30 日 20 时 10 分，烧结厂二烧作业区丁大班成品班铺底料岗位操作工张某夜班接班后，巡检岗位时发现 D201 皮带跑偏，随后携带工具（榔头一把）到 D201 处理，20 时 55 分左右，张某看见 D201 下皮带带料，遂用右脚蹬踩下皮带，试图将皮带弹起使物料抖落，致使右小腿被运行的下皮带带入头轮折断。

事故的直接原因有：

（1）人的不安全行为：张某发现 D201 下皮带带料，违反操作规程，用右脚蹬踩运行中的下皮带，试图将皮带弹起使物料抖落。

（2）物的不安全状态：D201 头轮防护罩有缺陷（皮带转动轮与皮带的卷入夹角没有有效防护）。

事故的间接原因有：

（1）张某本人自我安全操作意识不强。

（2）平时虽然进行安全教育培训、必知必会辨识身边危险源工作，但检查、执行未落到实处。

（3）皮带应急开关拉绳未全覆盖皮带沿线。

二、焦化安全生产技术

1．生产特点

焦化厂一般由备煤、炼焦、回收、精苯、焦油、其他化学精制、化验和修理等车间组成。其中，化验和修理车间为辅助生产车间。

备煤车间的任务是为炼焦车间及时供应符合质量要求的配合煤。炼焦车间是焦化厂的主体车间。炼焦车间的生产流程是：装煤车从储煤塔取煤后，运送到已推空的炭化室上部将煤装入炭化室，煤经高温干馏变成焦炭，并放出荒煤气由管道输往回收车间；用推焦机将焦炭从炭化室推出，经过拦焦车后落入熄焦车内送往熄焦塔熄焦；之后，从熄焦车卸入凉焦台，蒸发掉多余的水分和进一步降温，再经输送带送往筛焦炉分成各级焦炭。回收车间负责抽吸、冷却及吸收回收炼焦炉发生的荒煤气中的各种初级产品。

2．焦化安全生产技术及事故预防措施

（1）防火防爆。一切防火防爆措施都是为了防止生产可燃（爆炸）性混合物或防止产生和隔离足够强度的活化能，以避免激发可燃性混合物发生燃烧、爆炸。为此，必须弄清可燃（爆炸）性混合物和活化能是如何产生的，以及防止其产生和互相接近的措施。

有些可燃（爆炸）性混合物的形成是难以避免的，如易燃液体储槽上部空间就存在可燃（爆炸）性混合物。因此，在充装物料前，往储槽内先充惰性气体（如氮气），排出蒸汽后才可避免上述现象发生。此外，选用浮顶式储槽也可以避免产生可燃（爆炸）性混合物。

（2）泄漏。泄漏是常见的产生可燃（爆炸）性混合物的原因。可燃气体、易燃液体和温度超过闪点的液体的泄漏，都会在漏出的区域或漏出的液面上产生可燃（爆炸）性混合物。造成泄漏的原因主要有两个：

一是设备、容器和管道本身存在漏洞或裂缝。有的是设备制造质量差，有的是长期失修、腐蚀造成的。所以，凡是加工、处理、生产或储存可燃气体、易燃液体或温度超过闪点的可燃液体的设备、储槽及管道，在投入使用之前必须经过验收合格。在使用过程中要定期检查其严密性和腐蚀情况。焦化厂的许多物料因含有腐蚀性介质，应特别注意设备的防腐处理，或采用防腐蚀的材料制造。

二是操作不当。相对来说，这类原因造成的泄漏事故比设备本身缺陷造成的要多些。由于疏忽或操作错误造成跑油、跑气事故很多。要预防这类事故的发生，除要求严格按标准化作业外，还必须采取防溢流措施。预防泄漏的措施有：对可能泄漏或产生含油废水的生产装置周围应设围堰，焦化厂车间下水道应设水封井、隔油池等。

（3）放散。焦化厂许多设备都设有放散管，加工处理或储存易燃、可燃物料的设备或储槽，放散管放散的气（汽）体有的本身就是可燃（爆炸）性混合物，或放出后与空气混合成为可燃（爆炸）性混合物。

（4）防尘与防毒。煤尘主要产生在煤的装卸、运输以及破碎、粉碎等过程中，主要产尘点为煤场、翻车机、受煤坑、输送带、转运站以及破碎、粉碎机等处。一般煤场采用喷洒覆盖剂或在装运过程中采取喷水等措施来降低粉尘的浓度。输送带及转运站主要依靠安设输送带通廊、局部或整体密闭防尘罩等来隔离和捕集煤尘。

破碎及粉碎设备等产尘点应加强密闭吸风，设置布袋除尘、湿式除尘、通风集尘等装置来降低煤尘浓度。

在焦化厂，一氧化碳存在于煤气中，特别是焦炉加热用的高炉煤气中的一氧化碳的体积分数约为30%。焦炉的地下室、烟道通廊煤气设备多，阀门启闭频繁，极易泄漏煤气。所以，必须对煤气设备定期进行检查，及时维护，烟道通廊的贫煤气阀应保证其处于负压状态。

为了防止硫化氢、氰化氢中毒，焦化厂应当设置脱硫、脱氰工艺设施。为了防止硫化氢和氰化氢中毒，蒸氨系统的放散管应设在有人操作的下风侧。

【事故案例】

2013 年 4 月 13 日上午，某焦化厂一回收作业区酸气管道发生堵塞。9 时 37 分，中控室切断酸气切断阀，关闭酸气调节阀，操作工王某和工友杨某到现场操作，王某关闭进酸气捕雾器的闸阀和 Y 型过滤器前酸气闸阀。10 时 30 分左右，钳工汪某和胡某到现场拆下 Y 型过滤器和阻火器，杨某将拆下的 Y 型过滤器和阻火器清洗干净。11 时左右，王某打开 Y 型过滤器前酸气闸阀和清扫蒸汽阀门用蒸汽清扫酸气管道后，人员全部离开现场。11 时 50 分左右，王某安排杨某到中控室等待恢复系统，自己独自一人到现场检查管道是否清理干净。12 时有同事联系中控室，说王某的电话没人接，杨某立即去现场，发现王某躺在地上，身边的便携式硫化氢报警仪在报警，立即到中控室和另外一名粗苯工刘某佩戴空气呼吸器，到现场将王某抬到安全位置进行现场急救，并拨打 120、联系调度室和相关领导。12 时 56 分，王某抢救无效死亡。

事故的直接原因是：检修操作程序和危险作业确认措施不到位。王某只切断了酸汽管道气源，但并未对有毒有害气源采取有效隔断（堵盲板等）措施，处理完酸汽管道堵塞故障（清洗过滤器和阻火器）后，独自一人在确认时，先关闭了清扫蒸汽，然后到Y型过滤器处蹲下检查，此时酸汽管道内残余硫化氢从管内逸出（当用蒸汽清扫酸气管道时，管道内的堵塞物包括萘、焦末、含硫化合物被高温蒸汽逐渐清通，残余硫化氢逸出），其吸入了残余的硫化氢气体晕倒在Y型过滤器处，持续吸入硫化氢导致发生重度中毒。

事故的间接原因有：

（1）清扫作业的技术措施不足。酸气管道清扫前，未对该管道实施堵盲板等可靠切断；清扫酸气时未设置中和反应罐，硫化氢未被碱性物质中和前毒性仍在。高浓度的硫化氢气体比空气重，在被清扫出管道后仍聚焦在周围。

（2）作业人员安全防护用品佩戴不足。在进入有毒气体逸散区域时，未穿戴专门的防护用品。

（3）现场安全监控措施不到位。有毒气体逸散区域未设置固定检测报警装置和视频监控设施，导致人员进入现场后不能及时发现危险，发生中毒事故后也无法及时发现和抢救。

（4）制酸设备系统停产操作技术规程缺乏酸气等危险品介质可靠切断的相关规定。

（5）危险作业审批、现场安全监护制度不落实。

（6）在清扫工作中，未按厂相关管理制度和操作规程执行，未编制清扫方案和安全措施。

（7）对员工的教育培训不到位，对高浓度的硫化氢气体的安全防护知识教育不足。

三、耐火材料安全生产技术

1. 生产特点

不同的耐火制品，使用的原材料及生产时发生的物理化学反应虽不同，但生产工序和加工方法，如原料煅烧、破碎、粉碎、细磨、配料、混料、成型、干燥和烧成等基本一致。耐火材料生产所用的设备比较笨重，机械化程度低，劳动强度大，环境条件差，生产中易发生事故。另外，耐火材料生产工艺中的各个环节，都可能产生大量含有较高游离二氧化硅的粉尘，严重地危害着人的身体健康。

2. 耐火材料安全生产技术及事故预防措施

(1) 主体设备运行的安全。运行时应注意以下几点：检查轴承润滑情况，轴承内及衬板的连接处是否有足够而适量的润滑脂；检查所有的紧固件是否安全紧固；检查传动胶带，若有破损应及时更换，胶带轮有油污时，应用干净的抹布将其擦净；检查防护装置是否良好，发现有不安全的现象时应即行消除；检查破碎腔内有无矿石及杂物，并清除之，正常运行后方可喂料；正常启动后若发现有不正常情况，应立即停机检查处理；在设备运行时，严禁从上面朝机器内窥视，进行任何调整、清理或检查等工作，也严禁用手在进料口上和破碎腔内搬运、移动矿石；停机前，应首先停止加料，待破碎腔内破碎物料完全排出后，方可断开电源开关。

(2) 防尘措施。耐火厂的各个工艺环节可以说无处不产尘。经验证明，采取“革、水、密、风、护、管、教、查”八字方针是有效、正确的。

(3) 安全技术措施。改进工艺，提高机械化、自动化程度；安装安全设施和标志，并定期检查。

四、炼铁安全生产技术

1. 炼铁安全生产的主要特点

炼铁是将铁矿石或烧结球团矿、锰矿石、石灰石和焦炭按一定比例予以混匀送至料仓，然后再送至高炉，从高炉下部吹入1 000℃左右的热风，使焦炭燃烧产生大量的高温还原气体煤气，从而加热炉料并使其发生化学反应。在1 100℃左右铁矿石开始软化，在1 400℃熔化形成铁水与液体渣，分层存于炉缸。之后，进行出铁、出渣作业。

炼铁生产所需的原料、燃料，生产的产品与副产品的性质，以及生产的环境条件，给炼铁人员带来了一系列潜在的职业危害。例如，在矿石与焦炭运输、装卸，破碎与筛分，烧结矿整粒与筛分过程中，都会产生大量的粉尘；在高炉炉前出铁场，设备、设施、管道布置密集，作业种类多，人员较集中，危险有害因素最为集中，如炉前作业的高温辐射，出铁、出渣会产生大量的烟尘，铁水、熔渣遇水会发生爆炸；开铁口机、起重机造成的伤害等；炼铁厂煤气泄漏可致人中毒，高炉煤气与空气混合可发生爆炸，其爆炸威力很大；喷吹烟煤粉可发生粉尘爆炸。另外，还有炼铁区的噪声，以及机具、车辆的伤害等。如此众多的危险因素，威胁着生产人员的生命安全和身体健康。

2. 炼铁生产的主要安全技术

（1）高炉装料系统安全技术。装料系统按高炉冶炼要求的料坯，持续不断地给高炉装料。装料系统包括原料和燃料的运入、储存、放料、输送以及炉顶装料等环节。装料系统应尽可能地减少人工装卸与运输环节，提高机械化、自动化水平，使之安全地运行。

1）运入、储存与放料系统。大中型高炉的原料和燃料大多数采用胶带机运输，比火车运输易于自动化和治理粉尘。储矿槽未铺设隔栅或隔栅不全，周围没有栏杆，人行走时有掉入槽的危险；料槽形状不当，存有死角，需要人工清理；内衬磨损，进行维修时的劳动条件差；料闸门失灵常以人工捅料，如料突然崩落往往造成伤害。放料时的粉尘浓度很大，尤其是采用胶带机加振动筛筛分料时，作业环境更差。因此，储矿槽的结构应是永久性的、十分坚固的。各个槽的形状应该做到自动顺利下料，槽的倾角不应该小于50°，以消除人工捅料的现象。金属矿槽应安装振动器。钢筋混凝土结构，内壁应铺设耐磨衬板；存放热烧结矿的内衬板应是耐热的。矿槽上必须设置隔栅，周围设栏杆，并保持完好。料槽应设料位指示器，卸料口应选用开关灵活的阀门，最好采用液压闸门。对于放料系统应采用完全封闭的除尘设施。

2）原料输送系统。大多数高炉采用料车斜桥上料法，料车必须设有两个相对方向的出入口，并设有防水防尘措施。一侧应设有符合要求的通往炉顶的人行梯。卸料口卸料方向必须与胶带机的运转方向一致，机上应设有防跑偏、打滑装置。胶带机在运转时容易伤人，所以必须在停机后，方可进行检修、加油和清扫工作。

3）顶炉装料系统。通常采用钟式向高炉装料。钟式装料以大钟为中心，由大钟、料斗、大小钟开闭驱动设备、探尺、旋转布料等装置组成。采用高压操作必须设置均压排压装置。做好各装置之间的密封，特别是高压操作时，密封不良不仅使装置的部件受到煤气冲刷，缩短使用寿命，甚至会出现大钟掉到炉内的事故。料钟的开闭必须遵守安全程序。为此，有关设备之间必须连锁，以防止人为失误。

（2）供水与供电安全技术。高炉是连续生产的高温冶炼炉，不允许发生中途停水、停电事故。特别是大、中型高炉必须采取可靠的措施，保证安全供电、供水。

1）供水系统安全技术。高炉炉体、风口、炉底、外壳、渣等必须连续给水，一旦中断便会烧坏冷却设备，发生停产的重大事故。为了安全供水，大中型高炉应采取以下措施：供水系统设有一定数量的备用泵；所有泵站均设有两路电源；设置供水的水塔，以保证柴油泵启动时供水；设置回水槽，保证在没有外部供水情况下维持循环供水；在炉体、风口供水管上设连续式过滤器；供、排水采用钢管以防破裂。

2）供电安全技术。不能停电的仪器设备，万一发生停电时，应考虑人身及设备安全，设置必要的保安应急措施。设置专用、备用的柴油机发电组。

计算机、仪表电源、事故电源和通信信号均为保安负荷，各电器室和运转室应配应急照明用的带铬电池荧光灯。

(3）煤粉喷吹系统安全技术。高炉煤粉喷吹系统最大的危险是可能发生爆炸与火灾。喷吹系统或者在该区域内需要动明火时，应经安全、保卫部门同意，发给动火证，并采取防火、防爆措施。喷吹系统动火前，应将系统中的残煤吹扫干净。

为了保证煤粉能吹进高炉又不致使热风倒吹入喷吹系统，应视高炉风口压力确定喷吹罐压力。混合器与煤粉输送管线之间应设置逆止阀和自动切断阀。喷煤风口的支管上应安装逆止阀，由于煤粉极细，停止喷吹时，喷吹罐内、储煤罐内的储煤时间不能超过 8 ~ 12 h。煤粉流速必须大于 18 m/s。罐体内壁应圆滑，曲线过渡，管道应避免有直角弯。

为了防止爆炸产生强大的破坏力，喷吹罐、储煤罐应有泄爆孔。

喷吹时，由于炉况不好或其他原因使风口结焦，或由于煤枪与风管接触处漏风使煤枪烧坏，这两种现象的发生都能导致风管烧坏。因此，操作时应该经常检查，及早发现和处理。

（4）高炉安全操作技术

1）开炉的操作技术。开炉工作极为重要，处理不当极易发生事故。开炉前应做好如下工作：进行设备检查，并联合检查；做好原料和燃料的准备；制定烘炉曲线，并严格执行；保证准确计算和配料。

2）停炉的操作技术。停炉过程中，煤气的一氧化碳浓度和温度逐渐增高，再加上停炉时喷入炉内水分的分解使煤气中氢浓度增加。为防止煤气爆炸事故，应做好如下工作：处理煤气系统，以保证该系统蒸汽畅通；严防向炉内漏水。在停炉前，切断已损坏的冷却设备的供水，更换损坏的风渣口；利用打水控制炉顶温度在400～500℃之间；停炉过程中要保证炉况正常，严禁休风；大水喷头必须设在大钟下。设在大钟上时，严禁开关大钟。打水停炉降料面时，禁止开大钟。大钟上不准有积水。至少每1 h分析一次煤气中二氧化碳和氢的含量，氢含量不得超过6%（体积分数）。

（5）高炉维护安全技术。高炉生产是连续进行的，任何非计划休风都属于事故。因此，应加强设备的检修工作，尽量缩短休风时间，保证高炉正常生产。

为防止煤气中毒与爆炸应注意以下几点：

1）在一、二类煤气作业前必须通知煤气防护站的人员，并要求至少有两人以上进行作业。在一类煤气作业前还须进行空气中一氧化碳含量的检验，并佩戴氧气呼吸器。

2）在煤气管道上动火时，须先取得动火票，并做好防范措施。

3）进入容器作业时，应首先检查空气中一氧化碳的浓度，作业时，除要求通风良好外，还要求容器外有专人进行监护。

（6）出铁、出渣安全技术。炉前工在进行高炉出铁、出渣工作时，应按时按量除铁、除渣，以保证炉况和安全生产。

1）渣口用以分离渣、铁，保证渣罐或用水冲渣时不进入铁水，铁水中不混入渣。

2）在高炉工长的指挥下，按时、按进度出渣、出铁。

3）掌握休风的要领，慎重操作。

4）为了防止冲渣沟堵塞，渣沟坡度应大于5%，不设直角弯，且沟不宜过长。

（7）高炉煤气安全技术

1）设计煤气管道时，必须考虑炉顶压力、温度和荒煤气对设备的磨损。

2）为了降低煤气上升阻力，减少炉尘吹出，在炉管和下降管之间有足够的高度，以防止炉料吹出。

3）除尘器、洗涤塔、高炉炉顶设置的入口，要上下配置，以便打开入口后，使空气进行对流，减小煤气爆炸的危险。

4）在防止煤气泄漏方面，高炉与热风炉炉砌耐火砖，炉体结构要严密，防止变形开裂。

【事故案例】

2013年4月13日晚8时30分，某炼铁厂铁水转运跨作业区铁水浇铸坑模完毕后，晚9时至4月14日凌晨1时，整包班刘某等4人回到待工间休息，此时砌包班职工蒋某早已在整包班待工间内躺下休息。4月14日5时35分，班长蒲某接到电话通知有2人昏迷。5时36分，铁水转运作业区值班工长付某赶到现场发现1人昏迷，1人抽搐，待工间内其余3人清醒无明显异常，立即组织3人将2人抬至室外空旷处做人工呼吸，同时通知120、车间领导、厂调度室值班长、公司保卫处。5时59分，120到现场对伤者进行救治，伤者刘某恢复意识送医院继续治疗。6时10分，在事发现场医生宣布蒋某抢救无效死亡。

事故的直接原因是：炼铁厂铁水转运跨作业区砌包班待工间紧邻铁水浇铸地坑，铁水浇注大坑区域产生的含有微量一氧化碳的废气侵入砌包班待工间内，由于室内空气不畅通，导致蒋某死亡、刘某发生一氧化碳吸入反应。

事故的间接原因包括：

（1）砌包班当班人员安全意识不强，违反劳动纪律，当含有微量一氧化碳的废气侵入砌包室内时，相关工作人员正在睡觉，因此未及时发现，未及时采取撤离等应对措施。

（2）对铁水浇铸大坑区域可能产生含有微量一氧化碳的废气的危险性认识不足，防护措施针对性不强。

（3）砌包班待工间设置不合理。此待工间紧邻铁水浇铸地坑，此前也曾因铁水烧灼发生过门窗失火，只是将门窗改换了方向，并未迁移地点。

（4）对职工的劳动纪律要求不严。对待工间内有明显的卧具，员工在工作时间内睡觉等违章现象未开展经常性的检查、纠正。

五、炼钢安全生产技术

1. 炼钢安全生产的主要特点

铁水中含有碳、硫、磷等杂质，影响铁的强度和脆性等，需要对铁水进行再冶炼，以去除上述杂质，并加入硅、锰等，调整其成分。对铁水进行重新冶炼以调整其成分的过程叫作炼钢。

炼钢的主要原料是含碳较高的铁水或生铁以及废钢铁。为了去除铁水中的杂质，还需要向铁水中加入氧化剂、脱氧剂和造渣材料，以及铁合金等材料，以调整钢的成分。含碳较高的铁水或生铁加入炼钢炉以后，经过供氧吹炼、加矿石、脱碳等工序，将铁水中的杂质氧化除去，最后加入合金，进行合金化，便得到钢水。炼钢炉有平炉、转炉和电炉三种，平炉炼钢法因能耗高、作业环境差而逐步被淘汰。

炼钢的主要过程如下：

(1) 熔化过程。铁水及废钢中含有碳、锰、硅、硫、磷等杂质，在低温熔化过程中，碳、硅、硫、磷被氧化，即使单质态的杂质变为化合态的杂质，以利于后期进一步去除杂质。各种杂质的氧化过程是在炉渣与钢液的界面之间进行的。

(2) 氧化过程。氧化过程是在高温下进行的脱碳、去磷、去气、去杂质反应。

(3) 脱氧、脱硫与出钢。氧化末期，钢中含有大量过剩的氧，通过向钢液中加入块状或粉状铁合金或多元素合金来去除钢液中过剩的氧，产生的有害气体一氧化碳随炉气排出，产生的炉渣可进一步脱硫，即在最后的出钢过程中，渣、钢强烈混合冲洗，增强脱硫反应。

(4) 炉外精炼。从炼钢炉中冶炼出来的钢水含有少量的气体及杂质，一般是将钢水注入精炼包中，进行吹氩、脱气、钢包精炼等工序，得到较纯净的钢质。

(5) 浇注。从炼钢炉或精炼炉中出来的纯净的钢水，当其温度合适、化学成分调整合适以后，即可出钢。钢水经过钢水包脱入钢锭模或连续铸钢机内，即得到钢锭或连铸坯。

浇注分为模铸和连铸两种方式。模铸又分为上铸法和下铸法两种。上铸法是将钢水从钢水包通过铸模的上口直接注入模内形成钢锭。下铸法是将钢水包中的钢水浇入中注管、流钢砖，钢水从钢锭模的下口进入模内。钢水在模内凝固即得到钢锭。钢锭经过脱保温帽送入轧钢厂的均热炉内加热，然后将钢锭模等运回炼钢厂进行整模工作。

连铸是将钢水从钢水包浇入中间包，然后再浇入洁净器中。钢液通过激冷后由拉坯机按一定速度拉出结晶器，经过二次冷却及强迫冷却，待全部冷却后，切割成一定尺寸的连铸坯，最后送往轧钢车间。

2. 炼钢生产的主要安全技术

（1）熔融物遇水的爆炸防护技术。铁水、钢水、钢渣以及炼炉或烧结炉底的熔渣，都是高温熔融物，与水接触就会爆炸。这主要是物理反应，有时候也伴随着化学反应。

1）造成熔融物遇水爆炸的原因：氧枪卷扬断绳、滑脱掉枪造成漏水；焊接工艺不合适，焊缝开裂或水质差，以至于穿壁漏水；加入炉内及包内的各种原料潮湿；事故性短暂停水或操作失误，枪头烧坏，且又继续供水；内衬质量不过关，导致烧坏；转炉冷炉，过早打水；冷料高，下枪过猛，撞裂枪头漏水；由于罐挂钩不牢、断绳等引起的掉包、掉罐；车间地面潮湿。

2）安全对策：冷却水系统应安装压力、流量、温度、漏水量等仪表和指示、报警装置，以及氧枪、烟罩等连锁的快速切断、自动提升装置，并在多处安装便于操作的快速切断阀及紧急安全开关；冷却水应是符合规程要求的水质；采用多种氧枪安全装置（有氧枪自动装置、张力传感器检测装置、激光检测枪位装置、氧枪锥形结构）。

（2）化学反应引起的喷溅防护技术。炼钢炉、钢水罐、钢锭模内的钢水因化学反应引起的喷溅与爆炸危害极大。处理这类喷溅与爆炸事故时，有可能出现新的伤害。

1）造成喷溅与爆炸的原因：根本原因是冷料加热不好；精炼期的操作温度过低或过高；炉膛压力大或瞬时性烟道吸力低；碳化钙水解；钢液过氧化增碳；留渣操作引起大喷溅。

2）安全对策：增大热负荷，使炼钢炉的加热速度适应其加料速度；避免炉料冷冻和过烧（炉料基本熔化）；按标准操作，多取钢样分析成分；采用先进的自动调节炉膛压力系统，使炉膛压力始终保持在 133. 322 ~ 399. 966 Pa 范围内；增大炼钢炉排除烟气通道及通风机的能力；禁止使用留渣操作法；禁止用密闭容器储运电石粉，并安装自动报警装置。

（3）氧枪系统安全技术。转炉和平炉通过氧枪向熔池供氧来强化冶炼。氧枪系统是钢厂用氧的安全工作重点。

1）弯头或变径管燃爆事故的预防。氧枪上部的氧管弯道或变径管由于流速大，局部阻力损失大，如管内有渣或脱脂不干净时，容易诱发高纯、高压、高速氧气燃爆。应通过改善设计、防止急弯、减慢流速、定期吹管、清扫过滤器、完善脱脂等手段来避免事故的发生。

2）回火燃爆事故的防治。低压用氧导致氧管负压、氧枪喷孔堵塞，都易使高温熔池产生的燃气倒罐回火，发生燃爆事故。因此，应严密监视氧压。多个炉子用氧时，不要抢着用氧，以免造成管道回火。

3）汽阻爆炸事故的预防。因操作失误造成氧枪回水不通，氧枪积水在熔池高温中汽化，阻止高压水进入。当氧枪内的蒸汽压力高于枪壁强度极限时便会发生爆炸。

（4）废钢与拆炉爆破安全技术

1）爆破可能出现的危害：爆炸地震波、爆炸冲击波、碎片和飞块的危害、噪声。

2）安全对策：一是重型废钢爆破，废钢必须在地下爆破坑内进行爆破，爆破坑强度要大，并有泄压孔，泄压孔周围要设立柱挡墙；二是拆炉爆破，限制装药量，控制爆破能量；三是采取必要的防护措施。

（5）钢、铁、渣灼伤防护技术。铁、钢、渣液的温度很高，热辐射很强，又易于喷溅，加上设备及环境的温度很高，极易发生灼伤事故。

1）灼伤及其发生的原因：设备溢漏，如炼钢炉、钢水罐、铁水罐、混铁炉等满溢；铁、钢、渣液遇水发生的物理化学爆炸及二次爆炸；过热蒸汽管线穿漏或裸露；改变平炉炉膛的火焰和废气方向时喷出热气或火焰；违反操作规程。

2）安全对策：定期检查、检修炼钢炉、钢水罐、铁水罐、混铁炉等设备；改善安全技术规程，并严格执行；搞好个人防护；容易漏气的法兰、阀门要定期更换。

3．炼钢生产事故预防措施和技术

（1）炼钢厂房的安全要求。应考虑炼钢厂房的结构能够承受高温辐射；具有足够的强度和刚度，能承受钢水包、铁水包、钢锭和钢坯等载荷和碰撞而不会变形；有宽敞的作业环境，通风采光良好，有利于散热和排放烟气，要充分考虑人员作业时的安全要求。

（2）防爆安全措施。钢水、铁水、钢渣以及炼钢炉炉底的熔渣都是高温熔融物，与水接触就会发生爆炸。炼钢厂因为熔融物遇水爆炸的情况主要有：转炉、平炉氧枪，转炉的烟罩，连铸结晶器的高、中压冷却水大漏，穿透熔融物而爆炸；炼钢炉、精炼炉、连铸结晶器的水冷件因为回水堵塞，造成继续受热而引起爆炸；炼钢炉、钢水罐、铁水罐、中间罐、渣罐漏钢、漏渣及倾翻时发生爆炸；向潮湿的钢水罐、铁水罐、中间罐、渣罐中盛装钢水、铁水、液渣时发生爆炸；向有潮湿废物及积水的罐坑、渣坑中放热罐、放渣、翻渣时引起的爆炸；向炼钢炉内加入潮湿料时引起的爆炸；铸钢系统漏钢与潮湿地面接触发生爆炸。防止熔融物遇水爆炸的主要措施是，对冷却水系统要保证安全供水，水质要净化，不得泄漏；物料、容器、作业场所必须干燥。

(3) 烫伤事故的预防。铁、钢、渣的温度达 1 250 ~ 1 670℃时，热辐射很强，又易于喷溅，加上设备及环境温度高，起重吊运、倾倒作业频繁，作业人员极易发生烫伤事故。防止烫伤事故应采取下列措施：定期检查、检修炼钢炉、混铁炉、化铁炉、混铁车及钢水罐、铁水罐、中间罐、渣罐及其吊运设备、运输线路和车辆，并加强维护，避免穿孔、渗漏，以及起重机断绳、罐体断耳和倾翻；严格执行预防铁水、钢水、渣等熔融物与水接触发生爆炸、喷溅事故；过热蒸汽管线、氧气管线等必须包扎保温，不允许裸露；法兰、阀门应定期检修，防止泄漏；制定完善安全技术操作规程，严格对作业人员进行安全技术培训，防止误操作；搞好个人防护，上岗必须穿戴工作服、工作鞋、防护手套、安全帽、防护眼镜和防护罩；尽可能提高技术装备水平，减少人员烫伤的机会。

【事故案例】

2013 年 4 月 17 日 0 时 30 分左右，连云港市灌南县经济开发区不锈钢产业园某特钢有限公司电弧炉车间发生一起钢水喷爆事故，造成3人死亡、1人受伤。

4月16日20时55分，炉长带领4名炉前工到电弧炉车间开炉生产。4月17日0时10分左右，取样化验发现硅含量低，炉长要求炉前工吹氧。0时30分左右，再次取样送往化验室化验，取样的炉前工离开车间几分钟后，便听到电弧炉车间发生爆炸，立即和总经理赶到电弧炉车间，发现3人身上起火，1人躺在厂房门口，马上报警。消防和医护人员于1时20分左右赶到现场，对燃烧的车间和伤亡人员进行现场处置。

事故的主要原因是：该公司于4月14日更换新电炉，使用前未进行烤炉，导致炉内和炉底耐火砖在砌筑过程中残余的水分经高温蒸发后渗入钢水内部积聚，压力持续增大，产生喷爆。

六、有色金属冶炼安全生产技术

1. 有色金属冶炼安全生产的主要特点

有色金属的冶炼根据矿物原料的不同和各金属本身的特性，可以采用多种方法进行冶炼，包括火法冶金、湿法冶金以及电化冶金。从目前的产量及金属种类来说，以火法冶金为主。有色金属的冶炼方法基本上可分为三大类：第一类是硫化矿物原料的选硫熔炼，属于这一类的金属有铜、镍；第二类是硫化矿物原料先经焙烧或烧结后，进行碳热还原生产金属，属于这一类的金属有锌、铅、锑；第三类是焙烧后的硫化矿或氧化矿用硫酸等溶剂浸出，然后用电积法从溶液中提取金属，属于这一类的金属有锌、镉、镍、铝。铜、铅冶炼厂生产金、银处理阳极泥仍使用火法流程，一般阳极泥处理包括脱铜、硒、铅的还原熔炼和精炼，银电解、金电解等工序。铅阳极泥则用直接熔炼、电解的方法或与脱铜、脱硒后的铜阳极泥混合处理。

我国主要大型有色冶炼厂以火法冶炼作为骨干流程，对冶金生产过程进行分组、计划、指挥、协调和控制管理。冶炼生产多在高温、高压、有毒、腐蚀等环境下进行，为确保操作人员和设备的安全，必须特别注意安全防护措施的落实，努力提高机械化和自动化水平。冶金工业也是污染非常严重的行业，在有色金属生产中定向地、不断地向环境排放大量的废渣、废水、废气，易于污染环境和破坏生态平衡，必须有完善的“三废”治理工程加以处理和利用，还有噪声、振动、恶臭、放射线和热污染等，破坏了生态平衡，造成环境污染，给人民健康和生物生长带来危害。

2. 有色金属冶炼生产的主要安全技术

有色金属冶炼生产主要包括铜、铅、锌、铝和其他稀有金属和贵重金属的冶炼和加工。在这里主要介绍铜冶炼和铅冶炼的安全技术。

（1）铜冶炼的主要安全技术。铜冶炼以火法炼铜为主，火法炼铜大致可分为三步，即选硫熔炼—吹炼—火法精炼和电解精炼。铜冶炼安全生产的主要特点是：

1）工艺流程较长，设备多。

2）过程腐蚀性强，设备寿命短。

3）“三废”排放数量大，污染治理任务重。

铜冶炼的原料主要是硫化铜精矿，硫在生产过程中形成二氧化硫进入烟气，回收烟气中的二氧化硫制取硫酸是污染治理的重要步骤。对废渣的综合利用有多种渠道，可用于生产铸石、水泥、渣硅等建筑材料，也可用作矿坑填充料。废水除含有重金属离子外，还含有砷、氟等有害杂质，常用中和沉淀法或硫化沉淀法将其中的重金属离子转化为难溶的重金属化合物，废水经过净化后，回收重复利用，同时将沉淀物或浓缩液返回生产系统或单独处理，回收其中的有价金属。对含尘烟气，要完善收尘设施，严格管理，提高收尘效率；对泄漏的含铜溶液和含铜废水，集中回收处理。

（2）铅冶炼的主要安全技术。铅冶炼主要采用火法，将硫化铅精矿烧结焙烧成烧结块，在鼓风炉中进行还原熔炼得到粗铅，再经火法、电解精炼产出电解铅，此法即烧结—还原熔炼法，是现代生产铅的主要方法。在焙烧过程中，安全生产管理技术要求较严，概括为：

1）把“三关”：炉料粒度、水分、混合制粒关；配料岗位操作关；烧结机操作关。

2）“七不准”：不准物料过干、过湿；不准粒度过粗、过细；不准违反配料单进行配料；不准烧结机料面穿孔，跑空车；不准烧生料；不准炉箅堵塞和带块；不准任意停车。

3）抓“十个环节”：制备好返料；干燥和破碎好精矿；合理均匀地搭配好杂料、渣尘；准确配料；炉料润湿；混合制粒；烧结机上均匀布料；控制点火炉和烧结温度；控制炉料层和烧结机小车速度；调整风量和堵塞漏风。

在浮渣处理过程中，安全操作方面要特别注意：

1）一次进炉料必须是干料，以防炉内残留的冰铜遇水爆炸。

2）铅、砷在高温下易挥发，在全部操作过程中必须戴手套、口罩，现场严禁进食或饮水，就餐前必须先洗脸、漱口。

3）放渣和放冰铜前，渣包、冰铜包必须干燥，严禁潮湿工具接触熔融体，以防放炮伤人。

4）严格检查降温水套密封情况，发现渗漏，立即抢修或更换。

铅中毒预防是铅冶炼安全工作的重点，根本途径是不断改革工艺流程，使生产环境中空气含铅的浓度达到或接近国家卫生标准。其预防措施如下：

1）提高机械化、自动化程度，减轻劳动强度，对劳动条件差、铅烟尘污染严重的岗位，除加强密闭、通风排毒外，可在劳动组织上予以调整，由三班改为四班，缩短工作时间，减少接触铅的机会。

2）对新建、改建和扩建的企业，坚持做到安全防毒设施与主体工程同时设计、同时施工、同时投入使用，保证投产后生产岗位环境符合国家卫生标准。

3）严格安全规程和卫生制度，工人上岗前穿戴好防护用品，操作时及时启动抽风排气装置，定期检查维修防尘防毒设施，用湿式清扫生产现场地面，定期监测空气中的铅尘浓度以及经常评价分析防毒设施的效果，找出问题，不断改进。

4）加强个体防护，要选择和佩戴滤尘效率高、阻力小的防尘口罩，不在生产现场吸烟、饮水、进餐，饭前要洗手、刷牙、漱口，下班要洗澡，工作服要勤洗勤换。

3. 有色金属冶炼事故预防与控制的主要技术措施

有色金属冶炼常见的事故类型有：高温作业伤害、火灾和爆炸、机械伤害、触电、职业病、环境污染、冶金设备腐蚀等。

（1）高温作业伤害预防与控制的主要技术措施

1）通过体格检查，排除高血压、心脏病、肥胖和肠胃消化系统不健康的工人从事高温作业。

2）提供质量分数为 0.2% 的食盐水供工人饮用，并适当补充维生素 B_1 和维生素 C。

(2) 火灾和爆炸预防与控制的主要技术措施。在有色金属冶炼生产过程中常伴随着火灾和爆炸，应采取的治理措施主要有：

1）开展危险预知活动，凡直接接触、操作、检修煤气设备的职工，要掌握煤气设备的安全标准化操作要领，并经考试合格，取得合格证，方可上岗操作。

2）在煤气设备上动火或炉窑点火送煤气之前，必须先做气体分析。

3）架设隔栏，防止灼热的金属飞溅引起火灾或爆炸。

4）在煤气设备上动火，应备有防火消火措施。对停止使用的煤气动火设备，必须清扫干净。

(3) 职业病预防与控制的主要技术措施

1）加强职工安全素质教育和技术技能的培训。

2）提供合格的劳动防护用品。

3）定期对职工的身体进行健康检查。

4）提供安全卫生的劳动场所和环境。

(4) 机械伤害预防与控制的主要技术措施

1）制定严格的设备设施运行规章制度。

2）加强职工安全素质教育和技术技能的培训。

3）提供合格的劳动防护用品。

4）严格执行信号和联络制度。

(5) 触电伤害预防与控制的主要技术措施

1）严格执行信号和联络制度。

2）提供合格的劳动防护用品。

3）加强职工安全素质教育和技术技能的培训。

4）对于电缆电器设备的检修要及时认真。

（6）环境污染预防与控制的主要技术措施

1）设置回转窑尾气吸收塔，将废气导入塔内，并在汞的作用下生成粗硒产品，从而达到环保和回收有价元素的目的。

2）设置氯气吸收塔，通过抽风装置，将阳极泥分金过程中生成的氯气抽入塔内，用碱液中和处理，或将溶液返回用于氰化分金作业。

3）设置水沫收尘装置，净化小转炉吹炼炉气。

4）设置抽风装置，对金、银电解精炼过程中产生的有害气体进行抽排处理，以改善作业环境。在金电解槽上方安装排风罩，将金电解过程中产生的氯气、氯化氢抽排，并用碱液吸收。

第二节　冶金加工安全生产技术

一、铸造安全生产技术

1. 铸造生产的特点

铸造生产是指将液态金属（合金）浇注到铸型中，经过凝固、冷却得到铸件的生产过程。铸造方法分为砂型铸造和特种铸造，其中砂型铸造的生产过程包括造型材料准备、造型、造芯、熔化、浇注、落砂和清理等。

铸造生产过程中的主要危险因素有：

（1）在生产过程中存在爆炸或烫伤危险的同时，还会产生高温、粉尘等污染，对作业人员产生职业危害。

（2）起重运输、材料堆放、炉料破碎时若不按规章作业，会引起浇包坠落，高温液体会溅出伤人；炉料破碎时既产生粉尘，也容易产生碎块飞出伤人。

（3）浇注时，若使用的工具不符合要求或操作不当，容易跑流，特别是遇潮湿或有水，容易发生爆炸。

（4）浇注时还会产生一定量的有害气体和粉尘、烟雾及噪声，环境温度较高，劳动强度较大，工人容易疲劳。

2. 预防事故的主要措施

（1）浇铸作业地点不能有人。首先，采取自动化的浇铸工艺是努力的方向。其次，将作业人员与浇铸线隔离是防止人员烫伤的有效措施。此外，浇铸现场不允许无关人员逗留。

（2）作业人员必须佩戴合格的劳动防护用品。

（3）抓好熔铸作业的各个环节的安全工作，防止潮湿原料、含油脂原料加入混合炉，防止天然气、煤气泄漏形成爆炸混合气体，防止燃油路燃油形成爆炸混合气体，工器具、渣箱等要充分预热。

（4）铸造车间应留有自由通行的安全通道，宽度不小于1.5 m。

（5）车间要有良好的通风和照明设施，尽可能利用出入口和门窗自然通风，保证良好的生产条件。必要时安装通风机、风扇等，并做好维护和保养。

（6）场地要平整、干净，一切物品应堆放合理，不堵塞通道和工作场地。

（7）炉门应经常紧闭，防止炉气污染车间空气。

（8）铸造使用的工具和铸造场地要保持干燥，防止高温液体遇潮湿发生迸溅伤人事故。

二、轧钢安全生产技术

1. 轧钢生产的特点

轧钢是将炼钢厂生产的钢锭或连铸钢坯轧制成钢材的生产过程，用轧制方法生产的钢材，根据其断面形状，可大致分为型材、线材、板带、钢管、特殊钢材类。

轧钢的方法，按轧制温度的不同可分为热轧和冷轧；按轧制时轧件与轧辊的相对运动关系可分为纵轧和横轧；按轧制产品的成型特点可分为一般轧制和特殊轧制。旋压轧制、弯曲成型的都属于特殊轧制。轧制同其他加工一样，是使金属产生塑性变形，制成具体产品。不同的是，轧钢工作是在旋转的轧辊间进行的。轧钢机分为两大部分，即轧机主要设备、辅机和辅助设备。凡用以使金属在旋转的轧辊中变形的设备，通常称为主要设备。主机设备排列成的作业线称为轧钢机主机列。主机列由主电机、轧机和传动机械三部分组成。

轧机按用途分类有：初轧机和开坯机，型钢轧机（大、中、小型和线材），板带机，钢管轧机和其他特殊用途的轧机。

2. 轧钢生产的主要安全技术

（1）原料准备的安全技术。要设有足够的原料仓库、中间仓库、成品仓库和露天堆放地，安全堆放金属材料。钢坯通常用磁盘吊和单钩吊卸车。挂吊人员在使用磁盘吊时，要检查磁盘是否牢固，以防脱落砸人。使用单钩卸车前要检查钢坯在车上的放置状况，如钢绳和车上的安全柱是否齐全、牢固，使用是否正常。卸车时要将钢绳穿在中间位置上，两根钢绳间的跨距应保持 1 m 以上，使钢坯吊起后两端保持平衡，再上垛堆放。400℃以上的热钢坯不能用钢丝绳吊卸，以免烧断钢绳，造成钢坯掉落砸、烫伤。钢坯堆垛要放置平稳、整齐，垛与垛之间保持一定的距离，便于工作人员行走，避免吊放钢坯时相互碰撞。垛的高度以不影响吊车正常作业为标准，吊卸钢坯作业线附近的垛高应不影响司机的视线。工作人员不得在钢坯垛间休息或逗留。挂吊人员在上下垛时要仔细观察垛上钢坯是否处于平衡状态，防止在吊车起落时受到震动而滚动或登攀时踏翻，造成压伤或挤伤事故。

大型钢材的钢坯用火焰清除表面的缺陷，其优点是清理速度快。火焰清理主要用煤气和氧气的燃烧来进行工作，在工作前要仔细检查火焰枪、煤气和氧气胶管、阀门、接头等有无漏气现象，风阀、煤气阀是否灵活好用，在工作中出现临时故障要立即排除。火焰枪发生回火，要立即拉下煤气胶管，迅速关闭风阀，以防回火爆炸伤人。火焰枪操作程序按操作规程进行。

中厚板的原料堆放和管理很重要，堆放时，垛要平整、牢固，垛高不能超过4.5 m，注意火焰枪、切割器的规范操作和安全使用。

冷轧原料的准备：冷轧原料钢卷均在2 t以上，吊运是安全的重点问题，吊具要经常检查，发现磨损及时更换。

（2）加热与加热炉的安全技术。加热工业炉用的燃料分为固体、液体和气体。燃料与燃烧的种类不同，其安全要求也不同。气体燃料运输方便、点火容易、易达到完全燃烧，但某些气体燃料有毒，具有爆炸危险，使用时要严格遵守安全操作规程。使用液体燃料如燃油时，应注意燃油的预热温度不宜过高，点火时进入喷嘴的重油量不得多于空气量。为防止油管的破裂、爆炸，要定期检验油罐和管路的腐蚀情况，储油罐和油管回路附近禁止烟火，应配有灭火装置。

工业炉发生事故，大部分是由于维护、检查不彻底和操作上的失误造成的。首先要检查各系统是否完好，加强维护保养工作，及时发现隐患部位，迅速整改，防止事故发生。

使用均热炉、加热炉、热处理炉的安全注意事项如下：各种传动装置应设有安全电源，氢气、氮气、煤气、空气和排水系统的管网、阀门、各种计量仪表系统，以及各种取样分析仪器和防火、防爆、防毒器材，必须确保齐全、完好。

(3) 冷轧生产的安全技术。冷轧生产的特点是加工温度低，产品表面无氧化铁皮等缺陷，光洁度高，轧制速度快。冷轧生产中常用到的一个工序是酸洗，其主要目的是清除表面氧化铁皮，酸洗时应注意：

1) 保持防护装置完好，以防机械伤害。

2) 注意穿戴要求，以防酸液飞溅造成灼伤。

冷轧速度快，清洗轧辊注意站位，磨辊须停车，处理事故时须停车进行，切断总电源，手柄恢复零位。采用 X 射线测厚时，要有可靠的防射线装置。

热处理是保证冷轧钢板性能的主要工序，存在的事故危险有火灾、中毒、倒炉和掉卷。其防护措施有：

1) 在煤气区操作时必须严格遵守安全操作规程，保持通风设备良好。

2) 吊具磨损及时更换，以防吊具伤人。

3. 轧钢生产事故预防措施及技术

(1) 不安全因素。轧钢由于生产工艺复杂，设备种类多，在冶金工厂设备中占的比重较大，检修任务重，故检修安全是安全管理的重要环节。

钢厂的大、中修是多层作业，易发生高处坠落、物体打击等事故。

（2）预防措施

1）检修前组织好检修人员和安全管理人员做好安全准备工作，并在检修过程中加强安全监护。重视不安全因素，除有安全防范措施外，检修现场要设置围栏、安全网、屏障和安全标志牌。高处作业必须系安全带。

2）检修电气、煤气、氧气、高压气等动力设备和管线时，严格按规程贯彻停送电制度，确认安全方可进行。

3）更换煤气管道开闭器时要遵守安全操作规程，靠近易燃易爆设备、物体及要害部位时，采取防火措施，经检查确认安全后方可动火。

4）严格遵守起重设备安全操作制度，指挥须佩戴安全标志，吊物用的钢绳、钩环要认真检查。

5）检修前须对检修人员进行安全教育，控制人的不安全行为，加强现场管理，控制物和环境的不安全状态。

【事故案例】

2013 年 3 月 5 日 12 时 32 分，某轨梁厂一轧钢作业区陈某、于某二人进行中辊预装作业。组装过程中发现中辊南面的工字瓦顶部斜铁缺失，于某指挥 22 号吊车将南面的工字瓦吊运至北面空地准备进行斜铁焊接处理。13 时左右，工字瓦吊运至北面指定位置后，于某和陈某摘除吊绳，于某指挥 22 号吊车起钩，在起钩过程中，吊绳向上挂到工字瓦右端突出部分，造成工字瓦由北向南倾倒，将躲闪不及的于某砸倒在中辊上，导致其死亡。

事故的直接原因是：在吊车起钩过程中，指吊工于某和吊车司机邓某都没有对吊绳的状态和起升路线及环境进行有效确认，导致吊绳牵挂到工字瓦的突出部位，造成工字瓦由北向南倾倒。

事故的间接原因包括：

（1）吊车作业区和一轧钢作业区日常疏于监督、纠正职工的不安全作业行为习惯，对作业过程中的细节规范要求不够。

（2）轨梁厂没有督促作业区的作业人员严格执行本单位的安全生产规章制度和安全操作规程。

三、锻造安全生产技术

1. 锻造生产的特点

锻造生产是利用外力，通过工具或模具使金属坯料产生塑性变形，从而获得具有一定形状、尺寸和内在质量的毛坯、零件的一种加工方法。锻造的主要设备有锻锤、压力机、加热炉等。

锻造生产由于高温、振动、噪声和烟尘等因素，工作环境恶劣，劳动强度大，容易发生烧伤、碰伤、触电及机械伤害，或由机器、工具、工件直接造成刮伤、碰伤、砸伤、击伤等事故，而且一旦发生事故，可能非常严重。

2. 预防事故的主要措施

（1）合理组织生产，制定严格的安全生产规章制度和安全操作规程，并切实执行。

（2）加强设备的维护与检修，尤其是要注意受冲击部位有无损伤、松动和裂纹等，发现问题及时解决，严禁违章、带病作业；必要的安全防护装置必须配备齐全，并确保坚固可靠。

（3）车间内设备间距应根据设备类型、动力大小、锻件尺寸、工序间的运输方式等因素确定。锻造设备的布置应考虑尽量减少坯料或锻件的往返交叉运输，采用顺跨双排布置时，应尽量考虑锻件或料头飞出的主要方向对着车间侧墙，若确有困难，应设置挡板，以避免伤人。

（4）车间内应留有设备附件、锻模、锻件、原材料等的存放地，对易滚落的圆坯料或锻件，尽可能放在 V 形槽中，堆放高度一般不应超过 1 m。

（5）生产现场要注意通风、透光、照明，冬季要注意保温，要对设备有关部分、工具、模具进行预热，防止断裂；高温季节，要采取防暑降温措施。

（6）为保证安全，车间内应设置尺寸符合安全要求的通道，并保证畅通。

第三节 煤气、氧气安全生产技术

一、煤气安全生产技术

1. 煤气安全生产的特点

煤气作为气体燃料，具有输送方便，操作简单，燃烧均匀，温度、用量易于调节等优点，是工业生产的主要能源之一。在冶金企业里，煤气是高炉炼铁、焦炉炼焦、转炉炼钢的副产品，又是冶金炉窑加热的主体热料。

2. 煤气生产的安全技术

（1）煤气的性质。煤气的主要成分是一氧化碳、氢、甲烷等可燃气体，其中一氧化碳有毒，容易导致中毒事故。煤气中还含有少量不可燃气体，如氮、二氧化碳等。因此，煤气安全事故分为三类：中毒、火灾和爆炸。

(2) 煤气中毒的原因。发生煤气中毒的原因主要有以下几点：

1）煤气泄漏。存在泄漏煤气的部位有高炉风口、热风炉煤气阀、高炉冷却架、煤气蝶阀组传动轴、煤气管道的法兰部位、煤气鼓风机围带等处，作业人员在这些区域作业最容易发生煤气中毒事故。

2）煤气压力因事故骤然升高，有时会超过最大工作压力，使煤气系统排水槽中的水被鼓出，泄漏大量煤气而导致中毒事故。

3）剩余高炉煤气放散管的高度不够，或距生活区、居民区太近，或煤气没有点燃就放散，加上风向等气候原因，可能造成集体中毒事故。

4）煤气设备年久失修，如高压排水槽内排水管腐蚀、补偿器腐蚀等，发生煤气泄漏中毒事故。

5）煤气设备和蒸汽或生活用气，特别是浴室用气连接在一起，当蒸汽压力低于煤气压力时，煤气倒流入蒸汽管，窜入浴室导致中毒事故。

6）高炉检修时先用热风烘炉，但废气阀未用盲板或砌砖切断，各个风口又未用泥堵死，致使废气窜入高炉内导致检修工人中毒。

7）检修煤气设备时未可靠切断煤气来源，煤气进入设备内易导致中毒。

8）操作煤气叶形插架时，未佩戴氧气呼吸器造成中毒。

9）带煤气作业时，未正确使用氧气呼吸器或不使用通风口罩导致中毒。

10）煤气排水槽下水道与其他房间下水道相通，部分煤气可以从下水道窜入其他房间，导致中毒。

（3）预防煤气中毒的安全对策。对于煤气中毒，可采取的安全对策主要有：

1）煤气设施的设计必须符合国家标准和规范的要求。

2）制定煤气设备的维修制度，及时检查，发现泄漏及时处理。

3）对煤气实行分级管理。根据一氧化碳的含量，将作业区域分成一、二、三类煤气危险区域。在一类煤气危险区域作业，作业人员必须戴氧气呼吸器或通风口罩，并应有人在现场监护；在二类煤气危险区域作业，应准备好氧气呼吸器或有人监护；在三类煤气危险区域作业，虽然可不用氧气呼吸器，但也要加强检测。

（4）煤气爆炸的原因及预防措施。煤气爆炸是煤气和空气混合到一定比例，遇明火、电火花、燃点以上温度等可产生。煤气爆炸必须具备三个条件：一是煤气浓度在爆炸极限范围以内，二是受限空间，三是存在点火源。只有这三个条件同时具备，煤气才能爆炸。

发生煤气爆炸事故的原因主要有：

1）工业炉窑内温度尚未达到燃点温度时就输入煤气，使炉窑内形成爆炸性混合气体，点火时发生爆炸事故。

2）强制送风的炉窑未开风机，煤气由闸阀窜入送风管，点火时，发生爆炸。

3）工业炉窑送煤气点火时，操作人员误把煤气旋塞的开启当成关闭，将煤气送入炉窑，点火发生爆炸。

4）工业炉窑第一次点火时，送煤气未点燃，未经处理的剩余煤气就第二次点火，发生爆炸。

5）工业炉窑的送风机突然停电，煤气不能完全燃烧，部分煤气从烧嘴窜入空气管道，发生爆炸。

6）煤气设备停产后，未将煤气处理干净，又未经爆炸试验，动火发生爆炸；煤气发生炉的送风机突然停电，煤气倒流窜入空气管道，发生爆炸。

7）准备投产的煤气管道，与有煤气的管道没有用堵盲板隔断，煤气由闸阀漏入新管道，未经空气分析检查，动火发生爆炸。

8）煤气设备停产检修，设备内的煤气已清除，检验合格，允许动火，后因蒸汽管未与煤气设备断开，另一台正常生产的煤气设备的煤气沿蒸汽管道及闸阀窜入检修的这台设备中，第二次动火时未经化验检查，发生爆炸；煤气设备着火时，未通入蒸汽或氮气充压，未切断煤气来源，发生回火爆炸。

针对煤气爆炸事故的安全对策有：

1）在员工中广泛开展危险预知活动，凡直接接触、操作、检修煤气设备的职工，都要熟悉煤气设备的结构及性能，知晓煤气的危险性，掌握煤气设备的安全标准化操作要领，并经考试合格，取得合格证，方可上岗操作。

2）煤气设备停产检修时，必须将煤气处理干净，并将其与正常生产的煤气设备用盲板或间阀和水封隔断，把煤气设备上的蒸汽管、水管断开。

3）在煤气设备上动火或炉窑点火送煤气之前，必须先做气体分析。一般停产检修的煤气设备内空气中的氧含量应在20.5%（体积分数）以上，炉窑点火送煤气时，煤气中的氧含量应不大于1%（体积分数）。

（5）煤气火灾事故的原因及安全对策。煤气燃烧必须具备两个条件：一是有足够的空气，二是有明火或者达到煤气的燃点。

导致煤气火灾事故的原因有：

1）在焦炉地下室或者在平炉炉台下一层带煤气抽堵盲板时，煤气大量逸出，与火源接触，发生着火事故。

2）带煤气作业时使用铁质工具，撞击产生火花，引起火灾事故。

3）带煤气作业时，附近有火源或裸露的蒸汽管道，引起火灾事故。

4）煤气管道停产检修时，管道内的萘等积存物或硫化铁自燃起火。

5）煤气设备动火时泄漏的煤气引起着火。

6）煤气设备停产检修时，煤气未清扫干净，又未准备好消火设施而动火，发生火灾事故。

7）雷击或焦炉煤气放散口积存硫化铁，引起着火事故。

针对煤气火灾事故的安全对策有：

1）带煤气作业时，40 m 以内禁止一切火源，不采取特殊安全措施严禁在焦炉地下室带煤气作业。

2）带煤气作业应使用铜质工具或铝青铜合金工具，禁止使用铁质工具。

3）在裸露的高温蒸汽管道附近，设备应做绝热处理。

4）在煤气设备上动火，应备有防火消火设施。停煤气动火的设备必须清扫干净。

【事故案例】

2008 年 12 月 24 日 9 时许，河北遵化市某钢铁公司 2 号高炉重力除尘器顶部泄爆板爆裂造成煤气泄漏。事故造成 17 人死亡、27 人受伤。

事故原因是：生产工艺落后，设备陈旧，事故发生前，炉顶温度波动已经较大，但没有进行有效治理，仍然进行生产，导致事故发生。作业现场缺乏必要的煤气监测报警设施，没有及时发现煤气泄漏，盲目施救导致事故扩大，隐患排查治理不认真。

二、氧气安全生产技术

1. 氧气安全生产的特点

氧是无色、无味、无臭的气体，比空气重。标准大气压下液化温度为 -182.98℃。液氧系天蓝色、透明、易流动的液体。凝固温度为 -248.4℃，呈蓝色固体结晶。

氧是优良的助燃剂，一切可燃物与氧混合均可燃烧。氢、乙炔、甲烷、煤气、天然气等可燃气体按一定比例与氧混合后容易发生爆炸。氧气纯度越高，压力越大，越有危险。各种油脂与压缩氧气接触易自燃。

氧气的制取方法很多，一般有化学法、电解法、吸附法和深度冷冻法等。深度冷冻法制氧以空气为原料，电耗低、成本低、产量高、质量好，安全运转周期长，工艺成熟，目前已在工业上得到广泛应用。

2. 氧气生产的安全技术

随着吹氧炼钢、高炉富氧鼓风等强化冶炼的措施和钢坯自动火焰清理机新技术的采用，钢铁企业的用氧发展很快，已成为国民经济中最大的用氧部门。其特点是装机多，容量大，普遍采用大型制氧机组，小时产氧量达数万立方米，单机容量为 3 200 ~ 3 500 m^3/h。

氧气在钢铁企业生产中占有很重要的地位，并具有非常广泛的用途。其用途基本可分为工艺用氧和切焊用氧两大类。钢铁企业不仅用氧量大，而且用途广泛，从原料加工、冶炼、轧钢到机修、基建，甚至生活后勤工作，无时不用氧气。

（1）氧气的爆炸

1）物理爆炸。无化学反应，也没有大幅升温现象。一般是在常温或比常温稍高的温度下，由于气压超过了受压容器或管道的屈服极限乃至强度极限，造成压力容器或管道爆裂，如氧气钢瓶使用年限过久，腐蚀严重，瓶壁变薄，又没有检查，以致在充气时或充气后发生物理性超压爆炸。

2）化学爆炸。有化学反应，并产生高湿、高压，瞬时发生爆炸，如氢、氧混合装瓶，见火即爆。

（2）氧气的燃爆。发生燃爆需要可燃物、氧化剂和激发能源三要素同时存在。氧气和液氧都是很强的氧化剂。

当可燃物与氧混合并存在激发能源时，可能发生燃烧现象，但不一定会爆炸。只有当氧与可燃气体均匀混合，其浓度在爆炸极限范围内，并遇到激发能源时，才能引发爆炸。这就是燃烧条件和爆炸条件的唯一差别。

（3）氧气生产的安全要点。预防氧气事故应从安全管理和安全装置两个方面入手。

1）安全管理。制定岗位责任制、安全教育培训制度、安全检查制度、安全操作规程等相应的安全管理制度，并严格执行。

2）安全装置。氧气安全装置主要包括三大类：

①安全泄压装置。安全泄压装置是用以保证系统（容器、管道、设备等）安全运行，防止发生超压事故的一种保险装置。若系统压

力超过规定值，它就自动将系统内的气体迅速排出一部分，使系统压力恢复正常值。

安全泄压装置有许多种类型，目前冶金企业使用最多的是安全阀与防爆片。

安全阀由阀座、阀瓣和阀体组成，是一种阀门自动开启型安全泄压装置。压力超限时，阀门自动开启泄压；压力正常后，阀门自动关闭。安全阀泄压不影响系统正常运行。安全阀必须动作灵敏可靠，密封性能良好，结构紧凑，调节方便。

防爆片又称防爆膜、防爆板，是一种断裂型安全泄压装置。因为泄压后膜片不能自动复原，所以系统将被迫停止运行。因此，防爆片只是在不宜安装安全阀的情况下使用。

②报警停车联锁装置。该装置能够通过对一系列参数进行监控，发现异常或超限，自动报警和（或）停车。目前使用较普遍的是温度、压力、浓度、阻力、流量、液位报警停车连锁装置。

另外，轴位移保护、振动保护、超速保护，以及电压、电流、接地保护等也经常采用报警停车连锁装置。

③其他防护措施。氧气事故的其他防护措施包括放散阀、逆止阀、防爆墙、防雷防静电接地等。

（4）氧气的储运。氧气储罐中比较常见的是中压氧气球罐。氧气储罐应满足以下安全要求：

1）总图布置合理。

2）精心设计、精心施工。

3）焊接要严格把关，氧气储罐要严格脱锈除脂。

4）进行强度试验和气密性试验。

3. 氧气生产的安全预防措施和技术

（1）空分装置基础的安全问题。空分装置的基础不得用木材等可燃物作绝热层，空分装置的基础必须考虑防爆。

（2）空分机设备的检修问题

1）必须严格遵守高处多层作业的安全规程。

2）容器内部检修时，严禁油污。

3）做好裸体冷冻和气密性试验。

4）在作业时要加强通风，操作人员要戴有机防毒面具或氧气呼吸器；充填和扒除珠光砂时，一定要注意安全，防止跌落，充装口要有防护栏。

【事故案例】

1995 年 10 月 28 日，天津某钢厂发生氧气管道火灾事故，9 人死亡、1 人轻伤。

10 月 28 日 15 时 35 分，工人刘某等 3 人到吹转炉厂房平台上氧气阀门操作室，开启氧气管道进口处闸板阀门时，突然发生氧气管道燃烧起火。

事故原因是：在开启进口阀门时，排污阀门应关闭，但事后检查发现，没有关闭，造成进口阀门前后压差过大，氧气流速过高；氧气管道内积存有氧化铁皮等杂质，高速流动的气体携带氧化铁皮在管道内摩擦生热，达到可燃点，引起爆炸；现场作业人员对氧气管网性能尤其对高速气流所造成的危害程度认识不足，表现无知，因此对试氧关键环节的布置不严密、要求不具体。

第四节　机械电气安全技术

一、机械伤害的类型

机械装置在正常工作状态、非正常工作状态乃至非工作状态都可能发生危险。在机械作业中，存在以下主要伤害类型：

（1）物体打击。物体在重力或其他外力作用下打击人体而造成伤害，如砂轮片破损导致砂轮飞出，造成物体打击。

（2）机械伤害。包括挤压、剪切、切割或切断、缠绕、引入或卷入、冲击、刺伤或扎伤、摩擦或磨损等。

（3）起重伤害。起重机在安装、起吊、检修、试验等过程中发生的挤压、坠落、物体打击等。

（4）电气伤害。包括直接或间接触电、趋近高压带电体和静电所造成的伤害等。

（5）高处坠落。在高处作业中发生坠落造成的伤害事故。

（6）由噪声和振动引起的伤害。包括噪声引起的听力损伤、生理异常、语言通信和听觉干扰，手持机械振动导致神经病变、全身振动的危险等。

（7）由低频无线频率、微波、红外线、可见光、紫外线、各种高能粒子射线、激光辐射对人体健康和环境造成的危害。

二、机械设备操作时的安全注意事项

（1）必须正确穿戴好个人防护用品。工作前要穿好紧身工作服，袖口扣紧，长发要盘入工作帽内，操作旋转设备时不能戴手套。

（2）操作前要对机械设备进行安全检查，在运行中也要按规定

对机械设备进行安全检查。特别是对紧固的物件要查看是否由于振动而松动，以便重新紧固。

（3）机械设备严禁带故障运行，千万不能凑合使用，以防发生事故。

（4）机械设备的安全装置必须按规定正确使用，严禁将其拆掉不用。

（5）机械设备使用的刀具、工夹具以及加工的零件等一定要装卡牢固，不得松动。

（6）机械设备在运转时，严禁用手调整；也不得用手测量零件，或进行润滑、清扫杂物等工作。如必须进行时，则应首先关停机械设备。

（7）机械设备运转时，操作者不得离开工作岗位，以防发生问题而无人处置。

（8）工作结束后，应关闭开关，把刀具和工件从工作位置退出，将零件、工夹具等摆放整齐，并清理好工作场地。

【事故案例】

2004 年 4 月 23 日，陕西某钢铁厂职工吴某正在摇臂钻床上进行钻孔作业。测量零件时，吴某没有关停钻床，只是把摇臂推到一边，就用戴手套的手去搬动工件。这时，飞速旋转的钻头猛地绞住了吴某的手套，强大的力量拽着吴某的手臂往钻头上缠绕。吴某一边喊叫，一边拼命挣扎，等其他工友听到喊声关掉钻床，吴某的手套、工作服已被撕烂，右手小拇指也被绞断。

三、机械安全防护装置

常用的机械安全防护装置主要有：

（1）联锁防护装置。联锁防护装置可采用机械、电气、液压、气动或组合的形式，保证不使人员暴露在危险之中。例如，利用光电作用，人手进入冲压危险区，冲压动作立即停止。

（2）防护罩和防护网。可分为固定式和移动式两种形式，能防止人体接触机械的危险部位。

（3）控制安全装置。使机器能迅速停止运动，避免人体伤害。只有控制装置完全闭合时，机器才能开动；如果控制装置断开，机器的运动就会迅速停止或者反转。

（4）隔离安全装置。是一种阻止人体的任何部分靠近危险区域的设施，例如固定的栅栏等。

（5）跳闸安全装置。其作用是在操作到危险点之前，自动使机器停止或反向运动。

（6）双手控制安全装置。这种装置迫使操作者应用两只手来操纵控制器，从而保护操作者伤手的危险，但它仅能对操作者提供保护。

四、金属切削作业安全技术

1. 金属切削作业常见伤害事故

（1）刺割伤。操作人员接触较为锋利的机件和工具刃口，如机械加工车间里的切屑及正在工作着的车床、铣床、刨床、钻床等，都如同快刀一样，能对人体未加防护的部位造成伤害。

（2）物体打击。高空落物及工件或砂轮高速旋转时沿切线方向飞出的碎片，往复运动的冲床、剪床等，都可能导致人员受到伤害。

（3）绞伤。旋转的传动带、齿轮及正在工作的转轴都可导致绞伤。

(4) 烫伤。加工切削下来的高温切屑迸溅到人体的暴露部位上可导致人员烫伤。

2. 金属切削作业安全技术要求

(1) 被加工工件的质量、轮廓尺寸应与机床的技术性能数据相适应。

(2) 被加工工件的质量大于 20 kg 时，应使用起重设备。

(3) 在工件回转或刀具回转的情况下，禁止戴手套操作。

(4) 紧固工件、刀具或机床附件时要站稳，不要用力过猛。

(5) 每次开动机床前都要确认对任何人无危险，机床附件、加工件以及刀具均已固定牢靠。

(6) 当机床已在工作时，不能变动手柄和进行测量、调整、清理等工作。操作者应观察加工进程。

(7) 如果在加工过程中易形成飞起的切屑，为安全起见，应放防护挡板。从工作场地和机床上清除切屑及防止切屑缠绕在被加工件上。

(8) 正确地安放被加工工件，不要堵塞机床附近通道，要及时清扫切屑，工作场地特别是脚踏板上不能有冷却液和油。

(9) 当用压缩空气作为机床附件驱动力时，废气排放口应朝着远离机床的方向。

(10) 经常检查零件在工作场地或库房内堆放的稳固性，当将这些零件移到运箱中时，要确保它们位置稳定以及运箱本身稳定。

(11) 当离开机床时，即使是短时间离开也一定要关电源停车。

(12) 当出现电绝缘发热并有气味、设备运转声音不正常时，要迅速停车检查。

五、车床作业安全技术

(1) 操作人员必须经过培训，持证上岗；未能取得上岗证的人员不能单独操作车床。

(2) 操作者要穿紧身防护服，袖口扣紧，长发要戴防护帽。操作时不能戴手套。切削工作和磨刀时必须戴防护眼镜。

(3) 开机前，首先检查油路和转动部件是否灵活正常，夹持工件的卡盘、拨盘、鸡心夹头的凸出部分最好使用防护罩，如无防护罩，操作时应注意距离，不要靠近，以免绞住衣服及身体的其他部位。开机时要观察设备是否正常。

(4) 车刀要夹牢固，吃刀深度不能超过设备本身的负荷，刀头伸出部分不要超出刀柄高度的1.5倍，垫片的形状尺寸应与刀体形状尺寸相一致，垫片应尽可能少而平。转动刀架时要把车刀退回到安全的位置，防止车刀碰撞卡盘。在车床主轴上装卸卡盘应在停机后进行，不可借用电动机的力量取下卡盘。

(5) 装卸大工件时，床面上要垫木板。用吊车配合装卸工件时，卡盘未夹紧工件不允许卸下吊具，并且要把吊车的全部控制电源断开。工件夹紧后车床转动前，须将吊具卸下。

(6) 使用砂布磨工件时，砂布要用硬木垫，车刀要移到安全位置，刀架面上不准放置工具和零件，划线盘要放牢。加工内孔时，不可用手指支持砂布，应用木棍代替，同时速度不宜太快。

(7) 变换转速应在车床停止转动后进行，以免碰伤齿轮。开车时，车刀要慢慢接近工件，以免屑末伤人或损坏工件。

(8) 除车床上装有运转中自动测量装置外，均应停车测量工件，并将刀架移动到安全位置。

（9）工作时间不能随意离开工作岗位，禁止玩笑打闹，有事离开必须停机断电。工作时思想要集中，不能在运转中的车床附近更换衣服。禁止把工具、夹具或工件放在车床床身上和主轴变速箱上。

（10）工作场地应保持整齐、清洁。工件存放要稳妥，不能堆放过高，铁屑应用钩子及时清除，严禁用手拉。电器发生故障应马上断开总电源，及时通知电工检修，不能擅自乱动。

六、冲压作业安全技术

1. 冲压作业危险因素和事故特点

冲压作业的特点是：速度快，生产效率高，操作工序简单，劳动量大，操作多用人工，易发生失误动作，造成人身或设备事故。

冲压作业的主要危险因素有：

（1）设备结构具有的危险。很多冲压设备采用的是刚性离合器，一定要完成一个循环动作后才会停止。假如在此循环中的下冲程，手不能及时从模具中抽出，就必然会发生伤手事故。

（2）动作失控。设备在运行中会受到经常性的强烈冲击和震动，使一些零部件变形、磨损甚至碎裂，引起设备动作失控而发生危险的连冲事故。

（3）开关失灵。设备的开关控制系统由于人为或外界因素引起误动作。

（4）模具的危险。由于模具设计不合理或有缺陷，可增加受伤的可能性。

冲压事故可能发生在冲压设备的各个危险部位，但以发生在模具的下行程为绝大多数，且伤害部位主要是作业者的手部。当操作者的手处于模具行程之间时模块下落，就会造成冲手事故。

2. 冲压作业安全技术要求

(1) 开始操作前，必须认真检查防护装置是否完好，离合器制动装置是否灵活和安全可靠。应把工作台上的一切不必要的物件清理干净，以防工作时震落到脚踏开关上，造成冲床突然启动而发生事故。

(2) 冲压小工件时不得用手，应该使用专用工具，最好安装自动送料装置。

(3) 操作者对脚踏开关的控制必须小心谨慎，装卸工件时，脚应离开脚踏开关。严禁他人在脚踏开关周围停留。

(4) 如果工件卡在模子里，应用专用工具取出，不准用手拿，并应将脚从脚踏开关上移开。

【事故案例】

2013 年 8 月 25 日，昆明某钢铁公司下属重型装备制造集团公司发生一起机械伤害事故，造成 1 人重伤。

8 月 25 日 9 时 40 分，重装集团某分公司在重装生产园区开平线薄线开平机组开卷生产 2 mm 冷卷过程中，因所开冷卷板面不平整，钢板进入不了矫直机，职工李某不听班组长劝阻和提醒，执意违章爬到输送平台上，用左脚去踩踏钢板上部，导致左脚随钢板一同带入矫直机前的夹送辊中，经送昆钢医院诊断为左足创伤性切断。

事故的直接原因是：李某不听班组长劝阻和提醒就执意违章爬到输送平台上，用脚去踩踏钢板上部。

事故的间接原因包括：

(1) 该分公司领导班子在安全管理上，重视力度不够，特别是对开平线复产前的各项准备工作及员工复产前的安全培训教育重视不够。

（2）该分公司在人员结构变化带来的人员紧张问题上及员工“习惯性违章”作业上，未引起高度重视，未制定有效的安全防范措施和安全检查考核制度。

（3）该分公司安全环保部在日常的安全教育和监督检查中，对基层安全工作指导不够和监管落实不到位。

七、触电事故的预防措施

1. 触电事故的主要原因

造成触电事故的主要原因有：

（1）缺乏电气安全知识。例如带电拉高压开关，用手触摸被破坏的胶盖刀闸等。

（2）违反操作规程。例如在高压线附近施工或运输大型货物，施工工具或货物碰击高压线；带电接临时照明线及临时电源；火线误接在电动工具外壳上等。

（3）维护不良。例如大风刮断的低压线路未能及时修理，胶盖开关破损长期不予修理，线路老化未及时更换等。

（4）电气设备存在安全隐患。例如电气设备漏电，电气设备外壳没有接地而带电，闸刀开关或磁力启动器缺少护壳，电线或电缆破损等。

【事故案例】

某钢铁厂修理工王某想利用大家都去饭堂吃饭的时间停电检修一台设备。而另一名修理工李某因上午请了一会儿假，不知王某正在停电检修设备。由于天气较热，李某赶回车间时满头大汗，于是打开电扇纳凉，结果发现没电。于是他把电闸合上。由于修理工王某蹲在设备的后面维修电机，李某在合上电闸之前没有发现他，结果导致王某触电当场身亡。

2. 预防触电的技术措施

（1）直接接触电击预防技术

1）绝缘。在任何情况下，绝缘电阻不得低于每伏工作电压1 000 Ω，并应符合专业标准的规定。

2）屏护。屏护是采用护栏、护罩、护盖、箱闸等将带电体同外界隔绝开来。

3）间距。在低压操作中，人体及其所携带工具与带电体的距离不应小于0.1 m。

（2）间接接触电击预防技术

1）保护接地（IT系统）。

2）TT系统。

3）保护接零（TN系统）。

（3）其他电击预防技术

1）双重绝缘和加强绝缘。双重绝缘是指工作绝缘（基本绝缘）和保护绝缘（附加绝缘）。

2）安全电压。

3）电气隔离。电气隔离是指工作回路与其他回路实现电气上的隔离。

4）漏电保护（剩余电流保护）。漏电保护装置主要用于防止直接接触电击和间接接触电击。

【事故案例】

2004年7月18日，某钢铁厂工人隋某操作混凝土搅拌机，当双手扳动手轮时，突然触电死亡。事故后测试手轮对地电压为159 V，搅拌机未接地，未使用漏电保护器，是导致触电事故的根本原因。

八、作业场所用电注意事项

（1）车间内的电气设备不得随意乱动。如果电气设备出了故障，应请电工修理，不得私自修理，更不能带故障运行。

（2）当电气设备或电路系统中熔丝熔断后，禁止用铜丝和铁丝代替熔丝使用。

（3）电工进行作业前必须验电。任何电气设备在未验明无电之前，应一律认为有电，不要盲目触及；对“禁止合闸”“有人操作”等标牌，无关人员不得移动。

（4）电气设备必须有保护性接地、接零装置，并进行检查，以保证连接的牢固。

（5）需要移动某些非固定安装的电气设备，如照明灯、电焊机等时，必须先切断电源再移动，同时要防止导线被拉断。

（6）作业人员经常接触和使用的配电箱、配电板、闸刀开关、按钮开关、插座、插头以及导线等必须保持安全完好，不得有破损或使带电部分裸露。

（7）在雷雨天切忌走近高压电线杆、铁塔、避雷针等处，应至少远离其20 m，以免发生跨步电压触电。

（8）发生电气火灾时，应立即切断电源，用黄沙或二氧化碳、四氯化碳灭火器灭火，切不可用水或泡沫灭火器灭火。

【事故案例】

某日，某电厂电除尘运行人员发现3号炉三电场二次电压降至零。在四个电场的电除尘器中，当有一个电场退出运行时，除尘效率就会受到一定影响。由于在夜间不方便施工，该人员便安排一名夜间检修值班人员处理该缺陷。在没有监护人员的情况下，检修人员进入电除尘器绝缘子室处理3号炉三电场阻尼电阻故障时，由于其仅将三电场停电，造成检修人员与未停电的二电场套管接触而触电，经抢救无效死亡。

九、防静电措施

1. 静电的危害

在生产工艺过程中和工作人员操作过程中，由于某些材料的相对运动、接触与分离等原因，会形成静电。静电不会直接使人致命，但是，静电电压可能高达数万乃至数十万伏，可能在现场发生放电，产生静电火花。静电危害事故主要涉及以下几个方面：

（1）在有爆炸和火灾危险的场所，静电放电火花会成为可燃性物质的点火源，造成爆炸和火灾事故。

（2）人体因受到静电电击的刺激，可能引发二次事故，如坠落、跌伤等。此外，对静电电击的恐惧心理还对工作效率产生不利影响。

（3）某些生产过程中，静电的物理现象会对生产产生妨碍，导致产品质量不良，电子设备损坏，造成生产故障甚至停工。

2. 防静电的措施

（1）环境危险程度的控制。为了防止静电的危害，可采取取代易燃介质、降低爆炸性混合物的浓度、减少氧化剂含量等措施控制所在环境爆炸和火灾危险性。

（2）工艺控制。工艺控制是从工艺上采取适当的措施，限制和避免静电的产生和积累。

（3）接地和屏蔽。

（4）增湿。随着湿度的增加，绝缘体表面上形成薄薄的水膜。它能使绝缘体的表面电阻大大降低，能加速静电的泄漏。

（5）抗静电添加剂。抗静电添加剂是化学药剂，具有良好的导电性或较强的吸湿性。

（6）静电中和器。静电中和器又称静电消除器，静电中和器是能产生电子和离子的装置。由于产生了电子和离子，物料上的静电电荷得到相反极性电荷的中和，从而消除静电的危险。

【事故案例】

2000 年 10 月 31 日，某石化厂机修车间一名女职工，提着一个带塑料柄挂钩的方形铁桶到炼油三厂Ⅱ催化粗汽油阀取样口下，打算放出一些汽油作为大泵维修过程清洗工具之用。当该女职工将铁桶挂到取样阀门上，打开手阀放油不久，油桶即着火。现场炼油二厂一技术员见状，迅速打开一旁的事故消防蒸汽软管，该女职工在消防蒸汽的掩护下，很快关掉了取样阀门，并和该技术员一起，用干粉灭火器和消防毛毡将火扑灭。

这是一起典型的由于阀门开度过大，汽油流速过快而导致静电积聚，产生火花放电而引发的事故，虽然现场扑救及时得当，没有让事态进一步扩大而造成危害，但反映出个别职工安全意识还不够高，对静电放电的机理以及造成的危害认识不深。

十、防雷电措施

1. 雷电的破坏作用

雷电是大气中一种放电现象。雷电放电具有电流大、电压高等特点。其能量释放出来后，可产生极大的破坏力。其破坏作用主要有以下几个方面：

(1) 直击雷放电、二次放电、雷电流的热量会引起火灾和爆炸。

(2) 雷电的直接击中、金属导体的二次放电、跨步电压的作用及火灾与爆炸的直接作用，均会造成人员的伤亡。

(3) 强大的雷电流、高电压可导致电气设备击穿或烧毁。发电机、变压器、电力线路等遭受雷击，可导致大规模停电事故。雷击可直接毁坏建筑物、构筑物。

2. 防雷电措施

防止雷电伤害的主要措施有：

(1) 防止直击雷的伤害可以装设避雷针、避雷线、避雷网、避雷带。

(2) 为了防止二次放电，必须保证接闪线、接地装置等与邻近导体之间有足够的安全距离。

(3) 变配电装置使用阀型避雷器防止雷电冲击波的危害。

(4) 在遇雷雨天或作业场所中有跨步电压触电危险时，可采用单足或并足跳的方法逃离危险区。

(5) 在室外遇雷雨时，要及时躲避。在空旷的野外无处躲避时，应尽量寻找低洼之处，或者立即蹲下。不要使用手机。

十一、电气装置安全技术

1. 配电柜（箱）安全技术

配电柜（箱）分动力配电柜（箱）和照明配电柜（箱），是配电系统的末级设备。其主要安全要求有：

(1) 配电柜（箱）应用不可燃材料制作。

(2) 触电危险性小的生产场所和办公室，可安装开启式的配电板。

（3）触电危险性大或作业环境较差的加工车间、铸造、锻造、热处理、锅炉房、木工房等场所，应安装封闭式箱柜。

（4）有导电性粉尘或产生易燃易爆气体的危险作业场所，必须安装密闭式或防爆型的电气设施。

（5）配电柜（箱）各电气元件、仪表、开关和线路应排列整齐、安装牢固、操作方便，配电柜（箱）内应无积尘、积水和杂物。

（6）落地安装的配电柜（箱）底面应高出地面 50～100 mm，操作手柄中心高度一般为 1.2～1.5 m，柜（箱）前方 0.8～1.2 m 的范围内无障碍物。

（7）保护线连接可靠。

（8）配电柜（箱）以外不得有裸带电体外露，装设在柜（箱）外表面或配电板上的电气元件，必须有可靠的屏护。

（9）配电柜（箱）的门应完好，门锁应有专人保管。

2. 手持电动工具的安全使用

手持电动工具包括手电钻、手砂轮、冲击电钻、电锤、手电锯等，其安全使用要求如下：

（1）使用任何手持电动工具都必须执行安全技术操作规程，操作者应穿戴好绝缘鞋、绝缘手套等劳动防护用品，并站在绝缘板上操作。

（2）手持电动工具的电源要安装漏电保护器，工具的金属外壳应保护接地或接零；手持电动工具配用的导线、插头、插座应符合要求。

（3）首次使用手持电动工具前，应检测手持电动工具的接零和绝缘情况，确认无误后才能使用。

（4）手持电动工具的导线必须使用绝缘橡胶护套线，禁止用塑料护套线；导线两端要连接牢固，内部接头要正确，特别是手柄尾部的电缆护套要完好。

（5）手持电动工具的电缆线不应有接头，长度不宜超过5 m。

（6）挪动手持电动工具时只能手提握柄，不得提导线拉扯，也不要过分翻转，避免手柄内电源接头缠、扯脱落，使机壳带电或发生短路，要防止手持电动工具的工作端对人体造成机械伤害。

（7）在易燃易爆工作环境中切不可使用手持电动工具，以免产生火花酿成火灾爆炸事故。

【事故案例】

某日，非电工的于某违章接线，误将地线接火线，造成砂轮机外壳带电。这时，操作工张某使用手提砂轮机进行作业，由于他未戴绝缘手套，脚上穿的是布底鞋，在于某合闸后就触电倒地身亡。在这起事故中，张某使用手持电动工具未戴绝缘手套、未穿绝缘鞋进行违章作业是发生触电事故的原因之一。

第五节　防火防爆安全技术

一、火灾的基本概念及引起火灾的因素

1．火灾三要素

火灾是指在时间或空间上失去控制的燃烧所造成的灾害。燃烧和火灾发生必须同时具备可燃物、助燃物、点火源三个要素。

（1）可燃物，如木材、纸张、汽油等。这些物质中的碳、氢、硫等元素在高温下能与氧发生化合反应，形成燃烧。

（2）助燃物，如空气（氧气）、氯气、高锰酸钾等。可燃物质完全燃烧，必须要有充足的空气；当空气不足时，燃烧会逐渐减弱，甚至熄灭。空气中的氧含量低于14%时，常见可燃物质就不会燃烧。

（3）点火源，如明火、电火花等。要使可燃物质燃烧，需要足够的温度和热量。

火灾三要素中缺少任何一个，燃烧就不能发生和维持，因此火灾三要素是燃烧的必要条件。在火灾防治中，如果能够阻断三要素中的任何一个要素就可以防治火灾。

2. 火灾的分类

根据国家标准《火灾分类》（GB/T 4968—2008）的规定，按物质的燃烧特性将火灾分为A、B、C、D、E、F六类。

（1）A类火灾：指固体物质火灾。这种物质往往具有有机物性质，一般在燃烧时能产生灼热的余烬，如木材、棉、毛、麻、纸张火灾等。

（2）B类火灾：指液体火灾和可熔化的固体物质火灾，如汽油、煤油、原油、甲醇、乙醇、沥青、石蜡火灾等。

（3）C类火灾：指气体火灾，如煤气、天然气、甲烷、乙烷、丙烷、氢气等。

（4）D类火灾：指金属火灾，如钾、钠、镁、钛、锆、锂、铝镁合金火灾等。

（5）E类火灾：指带电火灾，是物质带电燃烧的火灾，如发电机、电缆、家用电器火灾等。

（6）F类火灾：指烹饪器具内烹饪物火灾，如动物油脂火灾等。

3. 引起火灾的因素

在生产中，引起火灾的因素主要是点火源，常见点火源有以下八种：

（1）明火。例如火炉、火柴、烟道喷出的火星、气焊和电焊喷火等。

（2）高热物及高温表面。例如加热装置、高温物料的输送管、冶炼厂或铸造厂里熔化的金属等。

（3）电火花。例如高电压的火花放电、开闭电闸时的弧光放电等。

（4）静电火花。例如液体流动引起的带电、人体的带电等静电火花。

（5）摩擦与撞击。例如机器上轴承转动的摩擦、磨床和砂轮的摩擦、铁器工具相撞等。

（6）物质自行发热。例如油纸、油布、煤的堆积，金属钠接触水发生反应等。

（7）绝热压缩。如某些液体液滴中含有气泡时，被落锤冲击受到绝热压缩，瞬时升温，可使液滴被加热至着火点而爆炸。

（8）化学反应热及光线和射线等。

【事故案例】

2007 年 5 月 26 日，太原某钢铁公司热连轧厂由于 1 号加热炉助燃风机的电动定子绕组绝缘严重老化，绕组四个部位匝间短路引起大电流冲击，造成为其供电的干式变压器绝缘击穿起火，引燃上方电缆，发生火灾，直接财产损失 575.3 万元。

二、灭火的基本方法

发生了火灾，要运用正确的方法进行灭火。灭火的基本原理，主要是破坏燃烧过程及维持物质燃烧的条件。通常采用以下四种方法：

1．冷却灭火法

这种灭火法的原理是将灭火剂直接喷射到燃烧的物体上，以降低燃烧的温度于燃点之下，使燃烧停止。或者将灭火剂喷洒在火源附近的物质上，使其不因火焰热辐射作用而形成新的火点。冷却灭火法是灭火的一种主要方法，常用水、泡沫和二氧化碳作灭火剂冷却降温灭火。灭火剂在灭火过程中不参与燃烧过程中的化学反应。这种方法属于物理灭火方法。

2．隔离灭火法

隔离灭火法是将正在燃烧的物质和周围未燃烧的可燃物质隔离或移开，中断可燃物质的供给，使燃烧因缺少可燃物而停止。具体方法有：

(1) 把火源附近的可燃、易燃、易爆和助燃物品搬走。

(2) 关闭可燃气体、液体管道的阀门，以减少和阻止可燃物质进入燃烧区。

(3) 设法阻拦流散的易燃、可燃液体。

(4) 拆除与火源毗连的易燃建筑物，形成防止火势蔓延的空间地带。

3．窒息灭火法

窒息灭火法是阻止空气流入燃烧区，或用不燃烧区或用不燃物质隔绝或冲淡空气，使燃烧物得不到足够的氧气而熄灭的灭火方法。具体方法有：

(1) 用沙土、水泥、湿麻袋、湿棉被等不燃或难燃物质覆盖燃烧物。

（2）喷洒雾状水、干粉、泡沫等灭火剂覆盖燃烧物。

（3）用水蒸气或氮气、二氧化碳等惰性气体灌注发生火灾的容器、设备。

（4）密闭起火建筑、设备和孔洞。

（5）把不燃气体或不燃液体（如二氧化碳、氮气、四氯化碳等）喷洒到燃烧物区域内或燃烧物上。

4. 化学抑制法

物质的有焰燃烧中的氧化反应，都是通过链式反应进行的。如果能够有效地抑制链式反应，即抑制自由基的产生或迅速降低火焰中维持燃烧反应的自由基的浓度，就会终止燃烧，达到灭火的目的。

用含氟、氯、溴的化学灭火剂（如1211等）喷向火焰，让灭火剂参与燃烧反应，从而抑制燃烧过程，使火迅速熄灭。

上述四种方法有时是可以同时采用的。例如用水或灭火器扑救火灾，就同时具有两个方面以上的灭火的作用。但是，在选择灭火方法时，还要视火灾的原因采取适当的方法，不然就可能适得其反，扩大灾害。例如，对于电器火灾，就不能用水浇的方法，而宜用窒息法；对于油火，宜用化学灭火剂等。冶金企业要根据各自的特点预先做准备，以防一旦事发而措手不及。

三、灭火器的配备

灭火器由筒体、器头、喷嘴等部件组成，借助驱动压力将所充装的灭火剂喷出，达到灭火的目的。灭火器是扑救初起火灾的重要消防器材，按所充装的灭火剂可分为泡沫、干粉、卤代烷、二氧化碳、酸碱、清水等几类。

应根据不同类型的火灾来选择灭火器：

(1) 扑救A类火灾应选用水、泡沫、磷酸铵盐干粉灭火器。

(2) 扑救B类火灾应选用干粉、二氧化碳、泡沫灭火器。扑救极性溶剂B类火灾不得选用化学泡沫灭火器，应选用抗溶性泡沫灭火器。

(3) 扑救C类火灾应选用干粉、二氧化碳灭火器。

(4) 扑救D类火灾应选用粉末型灭火器、卤代烷灭火器或沙、土等。

(5) 扑救E类火灾应选用二氧化碳灭火器、卤代烷灭火器、干粉灭火器。

【相关知识】

俗话说水火不相容，但自然界就有这种物质，沾水就能着火。这是因为遇水着火的物质与水接触时能起化学反应，并产生可燃气体和热量而引起燃烧。属于这类物质的有以下几种：

(1) 碱金属和碱土金属。例如锂、钠、钾、钙、锶、镁等，它们与水反应生成大量的氢气，遇点火源就会燃烧爆炸。

(2) 氢化物。例如氢化钠与水接触能放出氢气并产生热量，能使氢气自燃。

(3) 碳化物。例如碳化钙、碳化钾、碳化钠等。碳化钙（电石）与水接触能生成乙炔，这种气体能燃烧或爆炸。

(4) 磷化物。例如磷化钙、磷化锌等，它们与水作用生成磷化氢，而这种气体在空气中能够自燃。

四、初起火灾的扑救

发生火灾后，要及时使用本单位（地区）的灭火器材、设备进行扑救。有手动灭火系统的应立即启动，扑救方法主要有：

(1) 断绝可燃物。将燃烧点附近可能使火势蔓延的可燃物移走；关闭和打开有关阀门；采用泥土、黄沙筑堤等方法，阻止流淌的可燃液体流向燃烧点。

(2) 冷却。使用本单位（地区）相关消防器材设施灭火；如缺乏消防器材设施，则应使用简单工具灭火，如水桶、面盆等。

(3) 窒息。使用泡沫灭火器喷射泡沫覆盖燃烧物表面；利用容器、设备的顶盖盖没燃烧区；利用毯子、棉被、麻袋等浸湿后覆盖在燃烧物表面；用沙、土覆盖燃烧物，对忌水物质则必须采用干燥沙、土扑救。

(4) 扑打。对小面积草地、灌木及其他固体可燃物燃烧，火势较小时，可用扫帚、树枝条、衣物扑打。

(5) 断电。如发生电气火灾，或者火势威胁到电气线路、电气设备，或电气影响灭火人员安全时，首先要切断电源。

(6) 阻止火势蔓延。

(7) 防爆。将受到火势威胁的易燃易爆物质、压力容器等疏散到安全地区；停止向受到火势威胁的压力容器和设备传输物料，并设法将容器内的物料移走；停止对压力容器加温，打开冷却系统阀门，对压力容器设备进行冷却；有手动放空泄压装置的，应立即打开有关阀门放空泄压。

【事故案例】

2006 年 5 月 16 日上午，柳州某汽车厂涂装车间违章动火，导致发生火灾，由于未能实施火灾初期的灭火措施，造成事故进一步扩大。过火面积 278 m^2，直接财产损失 900.39 万元。

五、使用易燃物品的安全要求

(1) 在制造、使用易燃物品的建筑物内，电气设备应为防爆型。电气装置、电热设备、电线、保险装置等都必须符合防火要求。

(2) 易燃物品的存放量不得超过一昼夜的用量，不得放在过道上，不得靠近热源及在日光下暴晒。

(3) 制造和使用易燃液体、可燃气体时，禁止使用明火蒸馏或加热，应使用水浴、油浴或蒸汽浴。使用油浴时，不得用玻璃器皿作浴锅；操作中应经常测量油浴的温度，不得让油温接近闪点。

(4) 各种易燃、可燃气体、液体的管道，不得有“跑、冒、滴、漏”现象。检查漏气时严禁用明火试验。气体钢瓶不得放在热源附近，或在日光下暴晒。使用氧气时禁止与油脂接触。

(5) 强氧化剂不得与可燃物质接触、混合。经易燃液体浸渍过的物品，不得放在烘箱内烘烤。

(6) 易燃物品的残渣（如钠、白磷、二硫化碳等）不准倒入垃圾箱内和污水池、下水道内，应放置在密闭的容器内或妥善处理。沾有油脂的抹布、棉丝、纸张，应放在有盖的金属容器内，不得乱扔乱放，防止自燃。

(7) 作业完毕后工作场所要收拾干净，关闭可燃气体、液体的阀门，清查危险物品并封存好，清洗用过的容器，断绝电源，关好门窗，经详细检查确保安全时，方可离去。

(8) 制造、使用易燃物品的车间，耐火程度要高，出入口一般不得少于两个，门窗向外开。在建筑物内外适宜的地方放置灭火工具，如四氯化碳、二氧化碳、干粉灭火器和沙箱等。

六、动火作业的安全要求

(1) 动火作业必须办理“动火作业许可证”。进入设备内、高处等进行动火作业，还应执行进设备内和高处作业的相关规定。

(2) 动火负责人对执行动火作业负责，必须在动火前详细了解作业内容和动火部位及其周围情况，参与动火安全措施的制定，落实动火分析及安全措施，并向动火执行人交代任务和动火安全注意事项。动火执行期间，动火负责人不准离开现场。

(3) 监火人负责动火现场的安全防火检查和对动火执行人的监护工作，并对现场防火负责。动火期间，监火人不准离开现场，作业完成后，监火人会同动火负责人对现场进行防火检查，消除残余明火、暗火，确认无火种时，方可离开现场。

(4) 高处进行动火作业，其下部地面如有可燃物、空洞、窨井、地沟、水封等，应检查并采取措施，以防火花溅落引起火灾爆炸事故。

(5) 在地面进行动火作业，周围有可燃物，应采取防火措施。动火点附近如有窨井、地沟、水封等应进行检查，并根据现场的具体情况采取相应的安全防火措施，确保安全。

【事故案例】

1994 年 7 月 7 日，某钢铁集团 1 号、3 号高炉搭接工程原料输送系统发生火灾，使输送系统振动筛网全部烧毁，直接经济损失 93 万元。当天，十三冶六公司工人在白天焊接时不慎将火星弹落在输送带上，造成微燃，留下了事故隐患，在风力作用下 22 时 20 分起火。

这次火灾事故的原因是安装栏杆动火作业中违反动火规定，防火措施不到位，使高温熔渣引燃橡胶。由于平台四周有钢板围住，火灾初起时不易发现，等发现火灾报警，待消防队赶到时，火势已处于猛烈阶段。

七、火灾的自救与逃生

1．疏散引导的措施

人员集中的场所发生火灾，由于人们急于逃生的心理作用，起火后可能会一起拥向有明显标志的出口，造成拥挤混乱。此时，单位的领导和工作人员要设法疏散引导，为人们指明各种疏散通道，同时要以镇定的语气不断呼喊，消除人们的恐慌心理，使人们有条不紊地安全疏散。具体方法有：

（1）语言疏导。语言疏导包括口头语言引导和广播语言引导。口头语言引导是人员集中场所各区域工作人员在组织疏散时使用的，对疏散人员起着重要作用。由于失火单位的工作人员熟悉疏散路线，了解火情，在火灾事故中他们与受害者共患难，镇定地组织指挥疏散，可使受害者对他们产生尊敬感、亲切感和信赖感，增强受害者成功疏散的信心。广播语言引导和口头语言引导所不同的是，广播语言是由控制中心控制发出的。

在火灾现场使用语言疏导人员时，主要应做好以下几点：

1）说明火灾事故情况。即起火部位和火势严重程度。

2）讲明疏散事项。即哪些部位的人员需要疏散，哪些部位是安全的。在楼层火灾疏散时，一般要求起火层先疏散，然后是起火层以上各层，最后是起火层以下各层。指明防火分隔中的防火墙、防火门或防火窗，让受害者确实认识到这里是比较安全的地方。

3）指示疏散方向。即利用哪条疏散通道和到达何处最安全，并说明指示标志的位置和颜色。

4）说明疏散道理。如疏散时要听从指挥；采取的各种疏散措施是为了避免出口严重拥挤而造成堵塞，尽快将人员疏散到安全地区，以减轻人们对火灾的恐惧；要维持疏散秩序。

用语言引导时应注意用语的艺术和效果，用语要给人以安详、平静感，听后对稳定情绪有利，不要给人一种大祸临头的危机感，如使用“请您注意”等。要使用常用的通俗语言，好听易懂，不要用“撤离”等专业术语。要求语言引导时用词明确坚定、语调清晰，做到句句明确、字字入耳，使受害者感到可信、有依靠，起到稳定情绪的作用，坚定与火灾做斗争的信心。

（2）掩护疏导。对火势较大，直接威胁人员安全，影响疏散时，单位的工作人员或到场的公安消防人员，可利用各种灭火器材及水枪，全力堵截火势发展，掩护被困人员疏散。如人员较多，由于惊慌混乱而造成疏散通道和出入口堵塞时，要派人疏导，向外拖拉。有人跌倒时，还要设法阻止人流，迅速扶起摔倒人员，以及采取必要的措施强制疏导，防止出现伤亡事故。

对疏散出来的人员，要加强脱险后的管理。由于受灾的人员脱离危险后，随着对自己生命威胁的减少，往往因受某种心理原因的驱使，便不顾一切地想重新回到原处达到目的，如自己的亲人还围困在房间里，急于救出亲人，怕珍贵的财物被烧，想急切地抢救出来等，这样不仅会使他们重新陷入危险境地，且易造成疏散的混乱，妨碍救人和灭火。因此，对已疏散到安全区域的人员，要加强管理，禁止他们的危险行动，必要时，应在建筑物内外的关键部位配备警戒人员。

2. 自救逃生方法

一般情况下，绝大多数的火灾现场被困人员可以安全地疏散或自救逃生，脱离险境。因此，必须坚定自救意识，不要惊慌失措，冷静观察，采取可行的措施进行疏散自救。

(1) 疏散时，如人员较多或能见度很差时，应在熟悉疏散通道的人员带领下，有序地撤离起火点。在带领人用绳子牵领，用“跟着我”的喊话或前后扯着衣襟时可随疏散人员撤至室外或安全地点。

(2) 在撤离火场途中被浓烟所围困时，由于烟雾一般是向上流动，地面上的烟雾相对地说比较稀薄，因此可采用低姿势行走或匍匐穿过浓烟区的方法。如果有条件，可用湿毛巾等捂住口、鼻，或用鼻子呼吸，以便迅速撤出烟雾区。

(3) 楼房的下层着火时，楼上的人不要惊慌失措，应根据现场的不同情况采取正确的自救措施。如果楼梯间只是充满烟雾，可采取低姿势手扶栏杆迅速而下；如果楼梯已被烟火封住但未坍塌，还有可能冲得出去时，则可向头部、上身淋些水，将浸湿的棉被、毯子等披在身上，从烟火中冲过去；如果楼梯已被烧断、通道已被堵死，可通过屋顶上的老虎窗、阳台、落水管等处逃生，或在固定的物体上(如窗框、水管等)拴绳子，然后手拉绳缓缓而下。如果上述措施都行不通时，则应退居室内，关闭通往着火区的门窗，还可向门窗上浇水，延缓火势蔓延，并向窗外伸出衣物或抛出小物件发出求救信号或呼喊引起楼外人员注意，设法求救。在火势猛烈、时间来不及的情况下，如被困在二楼要跳楼时，可先往楼外地面上抛掷一些棉被等物，以增加缓冲，然后手拉着窗台或阳台往下滑，这样可使双脚先着地，又能缩小高度。如果被困在三楼以上，则绝不能跳楼，可转移到其他较安全地点，耐心等待救援。

(4) 发生火灾时人身着火的应急措施。一旦衣帽着火，应尽快地把衣帽脱掉，如来不及，可把衣服撕碎扔掉，或者是着火人就地倒下打滚，把身上的火焰压灭；在场的其他人员也可用湿麻袋、毯子等将着火人包裹起来，以窒息火焰；或者向着火人身上浇水，帮助受害者将烧着的衣服撕下；或者跳入附近池塘、小河中将身上的火熄掉。身上着火时切记不能奔跑，那样会使身上的火越烧越旺，还会把火种带到其他场所，引起新的火点。

3．自救逃生注意事项

人们处在火灾中，生命危在旦夕，但不到最后一刻，谁都不会放弃生命，必须竭尽全力设法逃生。在逃生时应注意以下几个问题：

（1）在室内发现外部起火，开启房门前，必须先触摸门板，如果发热或有烟气从门缝窜入时，就不能贸然开门，应设法从其他出口逃生。如果不热时，应缓慢开启，并在一侧利用门扇等物做好掩护，防止被烟气熏倒或被热气浪灼伤。

（2）不论是位于起火房间还是位于未起火房间，逃到室外后，要随手关闭通道上的门窗，以减缓烟雾沿着人们逃离的通道上蔓延。

（3）逃生前不要为穿衣或寻找贵重物品而耽误时间。在无路可逃时也不要向床下、墙角、桌子下面、大衣柜里等角落退避，因这些角落不能阻挡烟火的袭击。

（4）如果身上衣服着火，采取就地翻滚把火压灭时，应注意不要滚动过快。在跳入附近水池、河塘中将火熄掉时，若人体已被烧伤，要注意防止感染。

（5）不要重新进入火场。受害者一旦脱离险区，就必须留在安全地带，如有情况，应及时地向救助人员反映，绝不能重新进入火场，以免发生危险。

(6) 不要乘坐电梯逃生。电梯井直通大楼各层，烟雾、高温热气很容易涌入，在热的作用下会造成电梯失控或变形，使电梯不能运行。烟雾、热气流可危及人们的生命，所以发生火灾时千万不要乘坐电梯。

八、爆炸现象及其危害

爆炸是物质系统的一种极为迅速的物理的或化学的能量释放或转化过程，是系统在瞬间放出很大能量，同时产生气体以很大压力向四周扩散，并伴随有巨大声响的现象。

爆炸的破坏形式通常有直接的爆炸作用、冲击波的破坏作用和造成火灾三种，后果往往都比较严重。

(1) 直接的爆炸作用。这是爆炸对周围设备、建筑和人群的直接作用，它直接地造成机械设备、装备、容器和建筑的毁坏以及人员伤亡。机械设备和建筑物的碎片飞出，会在相当范围内造成危险，碎片击中人体则造成伤亡。

(2) 冲击波的破坏作用。爆炸时产生的高温高压气体产物以极高的速度膨胀，像活塞一样挤压周围空气，把爆炸反应释放出来的部分能量传给这个压缩的空气层。空气受爆炸影响而发生扰动，这种扰动在空气中传播就成为冲击波。冲击波可以在周围环境中的金属、岩石、建筑材料、水、空气等固体、液体、气体介质中传播。在传播过程中，可以对这些介质产生破坏作用，造成周围环境中的机械设备、建筑物的毁坏和人员伤亡。冲击波还可以在它的作用区域内产生振荡作用，使物体因振荡而松散，甚至破坏。

(3) 造成火灾。可燃气体（或可燃粉尘）与空气的混合物爆炸一般都引起大面积火灾。这种情况在油罐、液化气爆炸后最容易发生，正在运行的燃烧设备或高温的化工设备被炸坏，其炽热的碎片飞出，有可能点燃附近储存的燃料或其他可燃物，引起火灾。爆炸物品爆炸后，气体产物的扩散，不足以引起一般可燃物的燃烧，但是被炸建筑物内遗留大量的热或残余火苗，会把被破坏设备内逸出的可燃物气体或可燃液体蒸汽点燃，也可能将其他易燃物质点燃，引起火灾。

九、防火防爆的基本措施

（1）开展防火教育，提高群众对防火意义的认识。掌握一定的防火防爆知识，并严格贯彻执行防火防爆规章制度。建立健全群众性义务消防组织和防火安全制度，开展经常性的防火安全检查，消除火险隐患，并根据生产性质，配备适用和足够的消防器材。

（2）认真执行建筑防火设计规范。厂房和库房必须符合防火等级要求。厂房和库房之间应有安全距离，并设置消防用水和消防通道。

（3）合理布置生产工艺。根据产品原材料火灾危险性质，安排、选用符合安全要求的设备和工艺流程。性质不同又能相互作用的物品应分开存放。具有火灾、爆炸危险的厂房，要采用局部通风或全面通风，降低易燃气体、蒸汽、粉尘的浓度。

（4）易燃易爆物质的生产，应在密闭设备中进行。对于特别危险的作业，可充装惰性气体或其他介质保护，隔绝空气。对于与空气接触会燃烧的应采取特殊措施存放，例如将金属钠存于煤油中，磷存于水中，二硫化碳用水封闭存放等。

（5）从技术上采取安全措施，消除火源。例如，为消除静电，可向汽油内加入抗静电剂。油库设施包括油罐、管道、卸油台、加油柱应进行可靠的接地。往容器注入易燃液体时，注液管道要光滑、接地，管口要插到容器底部。为防止雷击，在易燃易爆生产场所和库房安装避雷设施。此外，设备管理符合防火防爆要求，厂房和库房地面采用不发火地面等。

（6）应在指定的安全地点吸烟，严禁在工作现场吸烟和乱扔烟头。

（7）使用、运输、储存易燃易爆气体、液体等物质时，一定要严格遵守安全操作规程。

（8）在工作现场禁止随便动用明火。确需使用时，必须报请主管部门批准，并做好安全防范工作。

（9）对于使用的电气设施，如发现绝缘破损、老化不堪、超负荷以及不符合防火防爆要求时，应停止使用，并报告领导加以解决。不得带故障运行，防止发生火灾、爆炸事故。

（10）应学会使用一般的灭火工具和器材。对于车间内配备的防火防爆工具、器材等，应该爱护，不得随便挪用。

【事故案例】

2010 年 4 月 7 日 18 时 45 分，某厂三分厂牛津布车间发生爆燃并引发火灾，造成 4 人死亡、2 人受伤，火灾烧毁车间内部分成品及半成品，烧损一套涂层生产线，过火面积达 670 m^2，直接经济损失 25 万余元。

调查发现事故的直接原因是生产设备缺乏必要的安全装置，没有有效的消除静电措施，排风系统不能满足工艺安全要求，以致该涂布生产线在涂层、刮料、烘干、卷料的过程中，涂布的表层及烘箱空间内充满了涂料挥发出来的可燃性混合气体，在涂布卷料作业过程中产生的高电位静电放电火花的引燃下，引爆烘箱内的爆炸性混合气体。

第六节 特种设备及特种作业安全技术

一、起重作业安全技术

1．起重作业的安全规定

（1）起重工应经专业培训，并经考试合格持有特种设备作业人员证，方能进行起重操作。

（2）司机接班时，应对制动器、吊钩、钢丝绳和安全装置进行检查。发现性能不正常时，应在操作前排除。

（3）工作前必须戴好安全帽，对投入作业的机械设备必须严格检查，确保完好可靠。

（4）开车前，必须鸣铃或示警。操作中接近人时，应给予铃声或警报。

（5）操作应按指挥信号进行。对紧急停车信号，不论何人发出，都应立即执行。

（6）当起重机上或其周围确认无人时，才可以闭合主电源。当电源电路装置上加锁或有标志牌时，应由有关人员解除后才可闭合主电源。

（7）闭合主电源前，应将所有的控制器手柄置于零位。

（8）工作中突然断电时，应将所有的控制器手柄扳回零位。在重新工作前，应检查设备装置是否正常。

（9）露天作业的轨道起重机，当风力大于6级时，应停止作业；当工作结束时，应锚定住起重机；在沿海工作的起重机，当风力大于7级时，应停止工作，并锚定住起重机。

（10）司机进行维护保养时，应切断主电源并挂上标志牌或加锁。如存在未消除的故障，应通知接班司机。

【事故案例】

2005 年 7 月 14 日，某工程施工现场，破桩班组工人正将已锤打到位的管桩多出部分锯断，并进行吊运、清理。约 9 时 40 分，由破桩工人彭某捆绑的桩头（外径 60 mm、长 2.1 m，重约 1 t）在吊离地面约 1.5 m 时因未捆绑牢固突然滑落。本已离开的彭某返回取工具时被砸中，经抢救无效死亡。

2. 起重搬运作业的注意事项

（1）起重搬运工在作业前应认真检查工具是否完好可靠，不准超负荷作业。

（2）作业时应做到轻装轻卸，堆放平稳，捆扎牢固。

（3）用机动车装运货物时，不得超载、超高、超长、超宽。如有特殊情况，必须超高、超长、超宽装运时，要经过相关部门的批准，并采取可靠的措施和设置明显标志。车辆行驶时，物件和栏板之间不准站人。

（4）使用卷扬机、钢管滚动滑移货物时，要有专人指挥，卸车或下坡应加保险绳，货物前后和牵引钢丝绳旁不准站人。

（5）装运易燃、爆炸性危险货物时，严禁烟火，并必须轻搬轻放，严禁与其他物品混装。车厢内不准坐人，不准在车厢顶上或车底下休息。

（6）装卸、搬运粉状物料及有毒物品时，应佩戴必要的防护用品。

【相关知识】

起重机司机“十不吊”。“十不吊”是指起重机司机在工作中遇到以下十种情况时不能进行起吊作业：

（1）指挥信号不明或乱指挥。

（2）物体质量不清或超负荷。

（3）斜拉物体。

（4）重物上站人或有浮置物。

（5）工作场地昏暗，无法看清场地、被吊物及指挥信号。

（6）遇有拉力不清的埋置物。

（7）工件捆绑、吊挂不牢。

（8）重物棱角处与吊绳之间未加衬垫。

（9）结构或零部件有影响安全工作的缺陷或损伤。

（10）钢（铁）液装得过满。

二、锅炉、压力容器的安全管理

锅炉、压力容器在使用时应符合下列安全管理规定：

（1）使用许可厂家的合格产品。国家对锅炉压力容器的设计制造有严格要求，实行许可生产制度。锅炉压力容器的制造单位，必须具备保证产品质量所必需的加工设备、技术力量、检验手段和管理水平，并取得特种设备制造许可证，才能生产相应种类的锅炉或者压力容器。

（2）登记建档。锅炉压力容器在正式使用前，必须到当地特种设备安全监察机构登记，经审查批准登记建档、取得使用证，方可使用。

（3）专责管理。使用锅炉压力容器的单位，应对设备实行专责管理，即设置专门机构、责成专门的领导和技术人员管理设备。

(4) 建立制度。使用单位必须建立一套科学、完整、切实可行的锅炉压力容器管理制度。

(5) 持证上岗。锅炉司炉、水质化验人员及压力容器操作人员，应分别接受专业安全技术培训并考试合格，持证上岗。

(6) 照章运行。锅炉压力容器必须严格依照操作规程及其他法规操作运行，任何人在任何情况下都不得违章作业。

(7) 定期检验。定期对锅炉压力容器进行检验，认真处理缺陷。

(8) 监控水质。水中杂质可使锅炉结垢、腐蚀及产生汽水共腾，降低锅炉效率、寿命及供汽质量。必须严格监督、控制锅炉给水及炉水水质，使之符合锅炉水质标准的规定。

(9) 报告事故。锅炉压力容器在运行中发生事故，除紧急妥善处理外，应按规定及时、如实上报主管部门及当地特种设备安全监察部门。

(10) 优化环境。锅炉房及压力容器操作间均为生产重地，必须按规定进行建造，精心管理，使设备及操作人员经常处于良好的环境与氛围中。

【事故案例】

2000 年 11 月 28 日，山西省文水县某酒业有限公司一台锅炉爆炸，造成 2 人死亡、2 人重伤、2 人轻伤，直接经济损失 30 万元，间接损失 20 万元。通过事故调查了解，该锅炉是私自设计、土法制造、自行安装投入使用的非法私造锅炉，各个环节均没有任何资料与合法手续，整个制造、安装、使用过程中的人员都没有经过专业方面的培训学习，锅炉知识比较匮乏。这些是造成这次事故的主要原因。

三、锅炉安全技术

锅炉由锅与炉两个主要部分组成，锅与炉组合起来便构成了锅炉本体。锅是容纳水和蒸汽的密封受压部件，一般包括锅筒、水冷壁管、集箱、对流管束、蒸汽过热器、省煤器和汽水管道等，在其中进行水的加热、汽化和饱和蒸汽的过热等吸热过程。炉是燃料燃烧的场所，即燃烧设备和燃烧室（炉膛）。燃料在炉中燃烧释放出大量热能，被锅内的水和蒸汽吸收。因此，锅炉是一种利用燃料在炉中燃烧释放的热能或工业中的其他热能，加热锅水使之具有一定温度和压力的换热设备，也称热工设备。

锅炉是一种承受内压力，具有高温爆炸危险的特种热工设备，锅炉的安全问题，对生产建设和保障人民生命财产安全关系重大。

锅炉的安全问题，就是要保证它不发生事故。锅炉的事故按其严重程度，可以粗略地分为两类：灾难性爆炸事故和一般性强迫停炉事故。灾难性爆炸事故大部分发生在低、中压，中小型容量的锅炉，特别是多数发生在低压、小型工业锅炉方面。至于高压乃至超临界压力的巨型电站锅炉，很少发生重大受压元件在运行中发生爆炸的事故。这说明锅炉的安全与否在于人如何去掌握，只要充分认识并重视锅炉的安全管理，是完全可以防止灾难性锅炉爆炸事故发生的。

锅炉要实现安全、经济和连续运行，必须具备合理的锅炉结构、完整的附件、熟练的操作工人和一整套完善的科学管理制度。锅炉的安全与设计、制造、运行和检修等方面的工作密切相关。

对锅炉本体结构的基本安全技术要求主要有：

（1）锅炉本体的各部分在运行时应能按设计预定方向自由膨胀。

（2）各部分受热面应得到可靠的冷却。

（3）锅炉各受压元件应有足够的强度，并装有可靠的安全保护设施，防止超压。

（4）受压元件或部件结构形式、开孔和焊缝的布置应尽量避免或减小复合应力和应力集中。

（5）锅炉的炉膛结构应有足够的承压能力和可靠的防爆措施，并应有良好的密封性。

（6）锅炉承重结构在承受设计负荷时应有足够的强度、刚度、稳定性及防腐蚀性。

（7）锅炉结构应便于安装、维修和清洗内外部。

四、压力容器安全技术

压力容器一般泛指在工业生产中盛装用于完成反应、传质、传热、分离和储存等生产工艺过程中的气体或液体，并能承载一定压力的密闭容器。它被广泛用于石油、化工、冶金、能源、机械等工业领域。

1．压力容器的安全操作

（1）基本要求

1）平稳操作。加载和卸载应缓慢，并保持运行期间载荷的相对稳定。

2）防止超载。防止压力容器过载主要是防止超压。

（2）容器运行期间的检查。对运行中的容器进行检查，包括工艺条件、设备状况以及安全装置等方面。

（3）容器的紧急停止运行。压力容器在运行中出现下列情况时，应立即停止运行：

1）容器的操作压力或壁温超过安全操作规程规定的极限值，而且采取措施仍无法控制，并有继续恶化的趋势。

2）容器的承压部件出现裂纹、鼓包变形、焊缝或可拆连接处泄漏等危及容器安全的迹象。

3）容器装置全部失效，连接管件断裂，紧固件损坏等，难以保证安全操作。

4）操作岗位发生火灾，威胁到容器的安全操作。

5）高压容器的信号孔或警报孔泄漏。

2. 压力容器的维护保养

做好压力容器的维护保养工作，可以使容器经常保持完好状态，提高工作效率，延长容器使用寿命。

容器的维护保养主要包括以下几个方面的内容：

（1）保持完好的防腐层。

（2）消除产生腐蚀的因素。

（3）消灭容器的“跑、冒、滴、漏”。

（4）加强容器在停用期间的维护。

（5）经常保持容器的完好状态。

五、气瓶的安全使用

（1）应严格执行安全技术操作规程，在使用前要对气瓶进行全面检查。

（2）所有气瓶不得靠近火源、热源，并应与明火、热源相距一般不得低于10 m，如条件所限，应采取隔热措施，但不得小于5 m。

（3）对于液化气体气瓶在冬季或瓶内压力减低时，必要时可用热水加热瓶身，严禁用明火烘烤。

（4）使用中如遇有气瓶瓶阀漏气，应立即停止使用，旋紧瓶阀，然后妥善处理，且不可带病使用。如气瓶低熔合金塞遇热熔融漏气时，应立即用水浇瓶身，同时将小木塞敲入熔孔予以堵塞。如漏气严重，措施无效，根据瓶内气体性质，采取应急的处理措施。

(5) 使用气瓶应根据瓶内储气的性质，采取不同的操作方法。

(6) 气瓶内的气体不得全部用尽，应留有余压。防止吸入空气或其他物质，防止造成回火或构成其他危险。

(7) 在作业结束后，应认真清理现场，对气瓶应卸下减压阀，关好总阀，不得用工具硬扳，以防瓶阀损坏，同时把气瓶放到安全位置。

(8) 对于气瓶不得乱用，不得用来吹干衣服或扫除，也不能把气瓶当工作台、作滚子用，气瓶上也不得坐人，防止混用而发生意外事故。

【事故案例】

1999 年 3 月 24 日，在哈尔滨发生了一起溶解乙炔气瓶爆炸事故，事故造成 4 人死亡、8 人受伤，其中 4 人为重伤，直接经济损失达 1 500 万元。在事故调查过程中发现充装、运输和使用环节存在不少严重问题，违反了《溶解乙炔气瓶安全监察规程》和国家标准《溶解乙炔气瓶充装规定》（GB 13591—1992）的规定。如乙炔瓶充装单位充装管理混乱，乙炔瓶不补加或少补加丙酮，最严重的一只瓶缺丙酮 11. 8 kg。在丙酮不足的情况下，超量充装乙炔，最严重的超量达到 4. 8 kg；充装记录不全且混乱；乙炔瓶跨省长距离运输；乙炔瓶使用前，未经严格检查，对充装存在问题的气瓶未做妥善处理等。

注：《溶解乙炔气瓶安全监察规程》已废止，新标准为《气瓶安全技术监察规程》（TSGR 0006—2014）。《溶解乙炔气瓶充装规定》

的最新版本为 GB 13591—2009。

六、厂内运输安全技术

1. 厂内运输的基本安全要求

根据《工业企业厂内铁路、道路运输安全规程》（GB 4387—2008）的规定，厂内运输必须满足以下基本安全要求：

（1）应根据工艺流程、运输量和物料性质，选用适当的运输方式，合理地组织车流、人流，从设计上保证运输、装卸作业的安全。

（2）厂内建（构）筑物、设备和绿化物严禁侵入铁路线路和道路的建筑限界，并不得妨碍视线。

（3）制造、改造和改装的运输、装卸设备，应由具有相应资质的设计和生产单位出具完整的技术资料、使用说明书和合格证等。

（4）应建立运输、装卸设备的技术档案，有计划地对运输、装卸设备进行大、中、小修和维护保养。新购、改装和修复后的运输、装卸设备在投入使用前，必须经过验收或试运转，符合安全技术要求并制定安全操作规程后，方准使用。

（5）从事运输工作的新职工和代培、实习人员，入厂时应进行安全教育，在指定的人员带领下工作，按不同岗位确定不同的培训时间，经考试合格后，方准上岗。

（6）从事运输作业的人员，应定期进行体格检查，经检查合格者，方能继续担任原职工作。

（7）运输、装卸作业人员作业时应按规定穿戴劳动防护用品。

（8）有害物料的运输，应使用经专业资质机构检测检验合格的设备或容器。

（9）在运输线路附近施工时，应事先得到企业运输主管部门的批准，不得占用运输设备，并采取防护措施。

2. 厂内运输的主要事故类型及其预防措施

厂内运输易发生的事故主要有撞车、翻车、碾轧以及在搬运、装卸、堆垛中物体的打击等。发生以上事故的原因主要是缺乏安全知识的教育、作业条件不符合安全要求以及运输设备和运输工具有缺陷。

为了防止事故的发生，企业必须采取以下预防措施：

（1）建立一套运输、装卸的安全生产制度和奖惩制度。

（2）严格遵守《工业企业厂内铁路、道路运输安全规程》。

（3）平时发现事故隐患要及时采取措施，当事故发生时，现场人员要保持镇静，发挥高度的责任感，采取必要的措施，防止事故扩大。

（4）事故发生后，要及时总结经验教训，做到“四不放过”。

而对于厂内汽车，其在运输过程中则应遵守下列规定：

（1）驾驶员必须有经公安部门考核合格后发给的驾驶证。

（2）厂区内行车速度不得超过 30 km/h，天气恶劣时不得超过 10 km/h，倒车及出入厂内、厂房时不得超过 5 km/h，不得在平行铁路装卸线钢轨外侧 2 m 以内行驶。

（3）装载货物时，不得超载，而且货物的高度、宽度和长度应符合公安部、交通部的规定。对于较大和易滚动的货物，应用绳索拴牢，对于超出车厢的货物应备有托架。

（4）装卸超过规定的不可拆解货物时，必须经过厂交通安全管理部门的批准，派专人押车，按指定的线路、时间和要求行驶。

（5）装运炽热货物及易燃、易爆、剧毒等危险货物时，应遵守国家标准《工业企业厂内铁路、道路运输安全规程》的规定。

（6）装卸时，汽车与堆放货物之间的距离，一般不得小于1 m，与滚动物品的距离不得小于2 m。装卸货物的同时，驾驶室内不得有人，不准将货物经过驾驶室的上方装卸。

（7）多辆车同时进行装卸时，前后车的间距应不小于2 m，横向两车栏板的间距不得小于1.5 m，车身后栏板与建筑物的间距不得小于0.5 m。

（8）倒车时，驾驶员应先查明情况，确认安全后，方可倒车，必要时应有人在车后进行指挥。

（9）随车人员应坐在安全可靠的指定部位，严禁坐在车厢侧板上或驾驶室顶上，也不得站在踏板上，手脚不得伸出车厢外，严禁扒车和跳车。

【事故案例】

2013年3月17日13时30分，山西太原某钢铁公司路车作业区0191机车接调度计划：路局五场3道挂50辆，编组17道25辆，带25辆返岔子经编组21道送北翻车机卸车。进入编组17道时，在车列北端第一辆车上值乘的连接员宋某（男，38岁，本工种工作时间4年）随车到达编组17道北头，待车停稳后从车辆上下来，走到编组21道北段东侧等候上车。调车员杨某则按计划将25辆车编组17道后，指挥机车牵引另25辆车转线。14时05分，0191机车推进25辆车到达编组21道北段，宋某准备上车。通过几辆车后，杨某回头确认宋某是否已经上车时，发现宋某已倒在地上，便立即拉动放风器（紧急制动装置）并通知司机停车。停车后，杨某立刻跑到宋某身边，发现宋某头朝南趴在车列北起第六辆车与第七辆车之间，双脚有被碾轧痕迹，宋某说“上车过程中摔倒，双脚被运行的车辆车轮碾轧”。杨某立即拨打公司急救电话，并通知调度和当班值班长。14 时 25 分，宋某被送往公司总院抢救。经诊断，宋某双足踝部毁损伤，需做截肢手术。19 时 30 分，手术完成，宋某左、右小腿从中下部位被截肢。

事故的直接原因是：0191 机车连接员宋某在上车过程中，安全确认不到位，双脚被车辆碾轧。事故的间接原因是：物流中心针对调车人员技能、体能训练方面所做的工作不足，针对特定作业方式和作业环境，开展具体的危险辨识工作不到位，防范措施不得力，现场蹬车作业条件没有针对性的改善，作业人员技能训练未能满足安全生产需求。

第五章 职业健康知识

第一节 职业危害与职业病基础知识

一、职业危害因素的分类

职业危害因素也称职业病危害因素或职业性有害因素，是指在生产过程中、劳动过程中、作业环境中存在的各种有害的化学、物理、生物因素以及在作业过程中产生的其他危害劳动者健康、能导致职业病的有害因素。职业危害因素按照来源可以分为以下三类：

1. 生产过程中的职业危害因素

（1）化学因素。包括生产性粉尘和化学有毒物质。生产性粉尘有矽尘、煤尘、石棉尘、电焊烟尘等，化学有毒物质有铅、汞、锰、苯、一氧化碳、硫化氢、甲醛、甲醇等。

（2）物理因素。例如噪声、振动、辐射、异常气象条件（高温、高湿、低温、高气压）等。

（3）生物因素。例如附着于皮毛上的炭疽杆菌、甘蔗渣上的真菌，医务工作者可能接触到的生物传染性病原物等。

2. 劳动过程中的危害因素

（1）劳动组织和劳动制度不合理，如劳动时间过长、轮班制度不合理等。

（2）劳动中精神过度紧张。

（3）劳动强度过大或劳动安排不当，如安排的作业与劳动者的生理状况不相适应、超负荷加班加点等。

（4）机体过度疲劳，如光线不足引起的视力疲劳等。

（5）长时间处于某种不良体位或使用不合理的工具等。

3. 生产环境中的危害因素

（1）生产场所设计不符合卫生标准或要求，如厂房布局不合理、有毒和无毒工序安排在一起等。

（2）缺乏必要的卫生技术设施，如没有通风换气、防尘、防毒、防噪声等设备。

（3）安全防护设备和个人防护用品装备不全。

在实际的生产场所中，职业危害因素往往不是单一存在的，而是多种因素同时对劳动者的健康产生作用，此时危害更大。

二、冶金企业的职业危害因素

冶金企业生产中的主要职业危害因素是高温、强辐射热、粉尘、一氧化碳和其他等。

（1）高温和强辐射热。在冶金生产中，矿粉的加工烧结、炼焦、炼铁、炼钢、轧钢等每个环节都属高温作业，有的车间夏季气温比室外高 15～20℃，因此较易使人中暑。灼热的物体辐射出大量红外线，易引起职业性白内障。

（2）粉尘。在耐火材料加工、炼焦、炼铁、炼钢的过程中有大量粉尘产生，如炼铁厂的高炉上料、砂轮机修磨等。职工长期接触粉尘会导致尘肺病，多为矽肺。

(3)一氧化碳。煤气中的一氧化碳含量为30%左右，故在接触煤气的岗位，如不注意防护，就有可能发生一氧化碳中毒事故。

(4)其他。冲渣会产生少量硫化氢和二氧化硫气体；空压机、风机、轧钢机等发出的强噪声易使人耳聋；由于接触火焰、钢水、钢渣、钢锭的机会较多，最容易发生烧灼伤；接触高温辐射的工人中，易发生火激红斑、色素沉着、毛囊炎及皮肤化脓等疾患；由于高温作用，肠道活动出现抑制反应，使消化不良和胃肠道疾患增多，高血压的发生率也比一般工人多。

三、职业病的种类

当职业危害因素作用于人体的强度与时间超过一定限度时，人体就会出现某些功能性或器质性的病理改变，出现相应的临床症状，影响劳动能力。习惯上把这类病症统称为职业病。在立法的意义，职业病具有一定的范围，即凡由国家主管部门公布的职业病目录所列的职业病，统称为法定职业病。

2013年12月，国家卫生计生委、安全监管总局、人力资源和社会保障部与全国总工会联合组织对职业病的分类和目录进行了调整，公布了《职业病分类和目录》，包括十大类132种，十大类包括：

(1)职业性尘肺病及其他呼吸系统疾病（如矽肺、煤工尘肺、石墨尘肺、过敏性肺炎、哮喘），19种。

(2)职业性皮肤病（如接触性皮炎、痤疮、溃疡），9种。

(3)职业性眼病（如电光性眼炎、白内障），3种。

(4)职业性耳鼻喉口腔疾病（如噪声聋、铬鼻病），4种。

(5)职业性化学中毒（如铅及其化合物中毒、汞及其化合物中毒)，60 种。

(6) 物理因素所致职业病（如中暑、手臂振动病)，7 种。

(7) 职业性放射性疾病（如外照射性急性放射病、放射性皮肤疾病)，11 种。

(8) 职业性传染病（如炭疽、森林脑炎)，5 种。

(9) 职业性肿瘤（如石棉所致肺癌、间皮瘤、苯所致白血病)，11 种。

(10) 其他职业病（如金属烟热、井下工人滑囊炎)，3 种。

四、导致职业病的因素

职业病的发生不仅与职工接触的职业危害因素的种类、性质、浓度或强度有关，而且还与生产过程和作业环境有关。此外，工作人员的个体差异也是一个重要因素。总之，职业病的发病因素主要有以下三项：

(1) 有害因素本身的性质。有害因素的理化性质和作用部位与职业病发生与否密切相关，如电磁辐射透入人体组织的深度和危害性，主要决定于其波长。毒物的理化性质及其对人体组织的亲和性与毒性作用有直接关系。

(2) 有害因素作用于人体的量。物理和化学因素对人的危害都与量有关，多大的量和浓度才能导致职业病的发生，是确诊的重要参考。我国公布的《工作场所有害因素职业接触限值》就指出了某些化学物质在工作场所空气中的限量。

(3) 劳动者个体易感性。健康的人体对有害因素的防御能力是多方面的，人体停止接触某些物理因素后，被扰乱的生理功能可以逐步恢复，但是抵抗能力和身体条件差的人员对于进入体内的毒物的解毒和排毒功能下降，更易受到损害。经常患有某些疾病的工人，在接触有毒物质后，可以使原有疾病加剧，进而发生职业病。

职业病的病因还具有特异性，比如接触含有游离二氧化硅粉尘的作业工人易患矽肺病，脱离接触这种粉尘可减轻职业病或恢复健康；接触噪声早期可引起人听力的下降，如连续不断地接触噪声，可导致噪声性耳聋，及时脱离接触噪声环境则可以恢复听力。因此，早期诊断、早期给予相应处理或治疗，对于预防职业病意义重大。

第二节　职业危害的预防

一、生产性粉尘的危害和容许浓度

生产性粉尘是指在生产中形成的、能较长时间飘浮在作业场所空气中的固体颗粒，其粒径多在0.1~10 μm之间。

1. 生产性粉尘的危害

生产性粉尘进入人体后，根据其性质、沉积的部位和数量的不同，可引起不同的病变。

(1) 尘肺。长期吸入一定量的某些粉尘可引起尘肺，这是生产性粉尘引起的最严重的危害。

(2) 全身中毒性，如铅、锰、砷化物等粉尘。

(3) 局部刺激性，如生石灰、漂白粉、水泥等粉尘。

(4) 光感应性，如沥青粉尘。

(5) 感染性，如破烂布屑、兽毛、谷粒等粉尘有时附有病原菌。

(6) 致癌性，如铬、镍、砷、石棉及某些光感应性和放射性物质的粉尘。

生产性粉尘引起的职业病中，以尘肺最为严重。

【事故案例】

2003 年年初，贵州省湄潭县约 200 人到福建仙游打工，主要从事石英破碎、筛分等工作，接触游离二氧化硅含量高达 90% 以上的石英粉尘。对其中 86 名湄潭西河乡返乡农民工进行体检，共查出矽肺病患者 46 人，检出率 53. 5%，死亡 18 人。

2. 粉尘的容许浓度

根据《工作场所有害因素职业接触限值　第 1 部分：化学有害因素》（GBZ 2. 1—2007）的规定，工作场所空气中粉尘容许浓度见表 5—1。

表 5—1　工作场所空气中粉尘容许浓度

名称	PC-TWA（mg/m^3）	
	总尘	呼尘
石灰石粉尘	8. 0	4. 0
煤尘（游离 SiO_2 含量 <10%）	4. 0	2. 5
矽尘		
10% ≤游离 SiO_2 含量≤50%	1. 0	0. 7
50% <游离 SiO_2 含量≤80%	0. 7	0. 3
游离 SiO_2 含量 >80%	0. 5	0. 2

二、粉尘危害的预防措施

综合防尘措施可概括为八个字，即“革、水、密、风、护、管、教、查”。

“革”：工艺改革。以低粉尘、无粉尘物料代替高粉尘物料，以不产尘设备、低产尘设备代替高产尘设备，这是减少或消除粉尘污染的根本措施。

“水”：湿式作业可以有效地防止粉尘飞扬。例如，矿山开采的湿式凿岩、铸造业的湿砂造型等。

“密”：密闭尘源。使用密闭的生产设备或者将敞口设备改成密闭设备。这是防止和减少粉尘外逸，治理作业场所空气污染的重要措施。

“风”：通风排尘。受生产条件限制，设备无法密闭或密闭后仍有粉尘外逸时，要采取通风措施，将产尘点的含尘气体直接抽走，确保作业场所空气中的粉尘浓度符合国家卫生标准。

“护”：受生产条件限制，在粉尘无法控制或高浓度粉尘条件下作业，必须合理、正确地使用防尘口罩、防尘服等个人防护用品。

“管”：领导要重视防尘工作，防尘设施要改善，维护管理要加强，确保设备的良好、高效运行。

“教”：加强防尘工作的宣传教育，普及防尘知识，使接触粉尘者（接尘者）对粉尘危害有充分的了解和认识。

“查”：定期对接尘人员进行健康检查；对从事特殊作业的人员应发放保健津贴；有作业禁忌证的人员，不得从事接尘作业。

【相关知识】

有下列疾病者不宜从事粉尘作业：活动性结核痛、严重的上呼吸道和支气管疾病、显著影响肺功能的肺或胸膜病变、严重的心血管疾病。

三、生产性毒物的种类及危害

1．毒物的种类

生产性毒物的分类很多，按其化学成分可分为金属、类金属、非金属、高分子化合物毒物等；按物理状态可分为固态、液态、气态毒物；按毒理作用可分为刺激性、腐蚀性、窒息性、神经性、溶血性和致畸、致癌、致突变性毒物等。一般将生产性毒物按其综合性分为：

（1）金属及类金属毒物，如铅、汞、锰、镉、铬、砷、磷等。

（2）刺激性和窒息性毒物，如氯、氨、氮氧化物、一氧化碳、硫化氢等。

（3）有机溶剂，如苯、甲苯、汽油、四氯化碳等。

（4）苯的氨基和硝基化合物，如苯胺、三硝基甲苯等。

（5）高分子化合物，如塑料、合成橡胶、合成纤维、黏合剂、离子交换树脂等。

（6）农药，如杀虫剂、除草剂、植物生长调节剂、灭鼠剂等。

2．毒物进入人体的途径

生产性毒物进入人体的途径主要有呼吸道、皮肤和消化道。

（1）呼吸道。这是最常见和主要的途径，呈气体、气溶胶（粉尘、烟、雾）状态的毒物均可经呼吸道进入人体，其主要部位是支气管和肺泡。一般来说，空气中的毒物浓度越高，粉尘状毒物粒子越小，毒物在体液中的溶解度越大，经呼吸道吸收的速度就越快。

（2）皮肤。在生产中，毒物经皮肤吸收而中毒者也较常见。某些毒物可透过完整的皮肤进入体内。皮肤有病损时，不能经完整皮肤吸收的毒物，也能大量吸收。除毒物本身的化学特性外，毒物的浓度和黏稠度，皮肤接触的面积、部位，外界的气温、湿度等也会影响皮肤的吸收。

（3）消化道。在生产环境中，单纯从消化道吸收而引起中毒的机会比较少见。往往是由于手被毒物污染后直接用污染的手拿食物吃，而造成毒物随食物进入消化道。有的毒物，如氰化氢，在口腔内可经黏膜吸收。

3．生产性毒物的危害

由于接触生产性毒物引起的中毒，称为职业中毒。生产性毒物可作用于人体的多个系统，表现在：

（1）神经系统。铅、锰中毒可损伤运动神经、感觉神经，引起周围神经炎。震颤常见于锰中毒或急性一氧化碳中毒后遗症。重症中毒时可发生脑水肿。

（2）呼吸系统。一次性大量吸入高浓度的有毒气体可引起窒息；长期吸入刺激性气体能引起慢性呼吸道炎症，可出现鼻炎、咽炎、支气管炎等上呼吸道炎症；长期吸入大量刺激性气体可引起严重的呼吸道病变，如化学性肺水肿和肺炎。

（3）血液系统。铅可引起低血色素贫血，苯及三硝基甲苯等毒物可抑制骨髓的造血功能，表现为白细胞和血小板减少，严重者可发展为再生障碍性贫血。一氧化碳可与血液中的血红蛋白结合形成碳氧血红蛋白，使人体组织缺氧。

（4）消化系统。汞盐、砷等毒物经口大量进入人体时，可出现腹痛、恶心、呕吐与出血性肠胃炎。铅及铊中毒时，可出现剧烈的持续性的腹绞痛，并有口腔溃疡、牙龈肿胀、牙齿松动等症状。长期吸入酸雾，可使牙釉质破坏、脱落。四氯化碳、溴苯、三硝基甲苯等可引起急性或慢性肝病。

（5）泌尿系统。汞、砷化氢、乙二醇等可引起中毒性肾病，如急性肾功能衰竭、肾病综合征和肾小管综合征等。

（6）其他。生产性毒物还可引起皮肤、眼睛、骨骼病变。许多化学物质可引起接触性皮炎、毛囊炎。接触铬、铍的工人皮肤易发生溃疡。长期接触焦油、沥青、砷等，可引起皮肤黑变病，甚至诱发皮肤癌。酸、碱等腐蚀性化学物质可引起刺激性眼结膜炎或角膜炎，严重者可引起化学性灼伤。

4．毒物的职业接触限值

国家标准《工作场所有害因素职业接触限值　第1部分：化学有害因素》（GBZ 2.1—2007）中，规定了330种化学有害因素、47种生产性粉尘、1种生物类有害因素、8种物理性有害因素的职业接触限值。化学因素的职业接触限值可分为时间加权平均容许浓度、最高容许浓度和短时间接触容许浓度三类。

时间加权平均容许浓度是指以时间为权数规定的8 h工作日的平均容许接触水平；最高容许浓度是指工作地点、在一个工作日内、任何时间不应超过的有毒化学物质的浓度；短时间接触容许浓度是指一个工作日内，任何一次接触不得超过15 min时间加权平均的容许浓度接触水平。

工作场所空气中部分化学物质容许浓度见表5—2。

表 5—2　　工作场所空气中部分化学物质容许浓度

名称	职业接触限值（mg/m^3）		
	最高容许浓度	时间加权平均容许浓度	短时间接触容许浓度
一氧化碳（非高原）		20	30
一氧化碳（高原海拔 2 000～3 000 m）	20		
一氧化碳（高原海拔 >3 000 m）	15		
二氧化硫		5	10
焦炉逸散物（按苯溶物计）		0.1	
硫化氢	10		
苯		6	10

四、常见职业中毒的典型症状

(1) 铅中毒。铅是常见的工业毒物。职业性铅中毒主要为慢性中毒。早期常感乏力、口内有金属味、肌肉关节酸痛等，随后可出现神经衰弱综合征、食欲不振、腹部隐痛、便秘等。病情加重时，出现四肢远端麻木，触觉、痛觉减退等神经炎表现，并有握力减退的症状。少数患者在牙龈边缘有蓝色“铅线”。重者可出现肌肉活动障碍。腹绞痛是铅中毒的典型症状，多发生于脐周部，也可发生在上腹部或下腹部。每次发作可持续几分钟到几十分钟。另可出现中度贫血，有时伴发高血压。

（2）汞（水银）中毒。慢性汞中毒是职业性汞中毒中最常见的类型，在汞污染较重的作业环境中逐渐发病。初期常表现为神经衰弱综合征，头晕、头痛、乏力、睡眠障碍、记忆力减退、脱发等。随病情进展，可出现典型的“汞兴奋症”，表现为情绪不稳、急躁、易兴奋、激动、恐惧、胆怯、害羞、好哭、注意力不集中。个别患者有焦虑不安、抑郁、幻觉、孤僻等表现。检查可见“汞性震颤”，严重者写字、吃饭、系纽扣等动作都发生困难。

（3）一氧化碳中毒。一氧化碳急性中毒的典型症状有头痛、头昏、四肢无力、恶心、呕吐，甚至昏迷，还可出现脑水肿、心肌损害、肺水肿等并发症。

（4）硫化氢中毒。硫化氢急性中毒的典型症状有明显的头痛、头晕，出现意识障碍；或有明显的黏膜刺激症状，出现咳嗽、胸闷、视物模糊、眼结膜水肿及角膜溃疡等，重症者可出现昏迷、肺水肿、呼吸循环衰竭或“电击样”死亡。

（5）苯中毒。急性苯中毒主要表现为中枢神经系统症状，轻者起初有黏膜刺激症状，随后出现兴奋或酒醉状态，并伴有头晕、恶心、呕吐等。重症可出现阵发性或强制性抽搐、脉搏弱、呼吸浅表、血压下降、昏迷等，甚至发生呼吸衰竭而死亡。

慢性苯中毒最常表现为神经衰弱综合征，主要症状为头痛、头晕、记忆力减退、失眠等，有的出现自主神经功能紊乱现象，如心动过速或过缓，个别晚期病例可有四肢末端麻木和痛觉减退的现象。

【相关知识】

职业中毒的诊断较为复杂，患者就医时应向医生充分说明职业史（如车间、工种、工龄及劳动现场可能接触到的职业危害因素等），这对医生作出准确的诊断尤为重要。

【事故案例】

2004 年 3 月 7 日，常熟市某建材有限公司因热浸镀锌钢卷生产线铅槽有铅泄漏而进行检修，由 10 名作业工人分日夜两班轮流对铅槽底渗出的铅用机械方法清理，作业时间每班 8 h。作业过程中，为了加快清理进度，从 2004 年 3 月 10 日开始，工人改变作业方法，改用氧气切割的方法清除铅块。4 天后，也就是 3 月 14 日，作业工人中有 4 人出现头昏乏力、周身不适、恶心呕吐、腹部不适等症状，立即将患者送往市第二人民医院进行对症治疗和临床医学观察。经检测，有 7 名工人尿铅超过职业接触限值 0.07 mg/L，最大尿铅测得值为 0.54 mg/L，其中有 4 名患者尿铅检测指标达到并超过诊断值 0.12 mg/L，且出现明显的临床症状，经过综合分析，确诊为职业性慢性轻度铅中毒。

铅是一种银白色略带蓝色的软金属，熔点 327℃，加热至 400～500℃时，即有大量铅蒸汽逸出，在空气中氧化并凝集为铅烟。本次中毒事故是由于作业工人违反操作规程用氧气风枪切割铅块，在切割过程中，使空气中凝集大量的含铅化合物烟尘，再加上没有使用防护用具，导致作业工人吸入烟尘中毒。

五、职业中毒的预防措施

预防职业中毒必须采取综合性的防治措施，具体包括：

(1) 消除毒物。从生产工艺流程中消除有毒物质，用无毒物或低毒物代替有毒物，改革能产生有害因素的工艺过程，改造技术设备，实现生产的密闭化、连续化、机械化和自动化，使作业人员脱离或减少直接接触有害物质的机会。

（2）密闭、隔离有害物质污染源，控制有害物质逸散。对逸散到作业场所的有害物质要采取通风措施，控制有害物质的飞扬、扩散。

（3）加强对有害物质的监测，控制有害物质的浓度，使其低于国家有关标准规定的最高容许浓度。

（4）加强对毒物及预防措施的宣传教育。建立健全安全生产责任制、卫生责任制和岗位责任制。

（5）加强个人防护。在存在毒物的作业场所作业，应使用防护服、防护面具、防毒面罩、防尘口罩等个人防护用品。

（6）提高机体免疫力。因地制宜地开展体育锻炼，注意休息，加强营养，做好季节性多发病的预防。

（7）接触毒物作业的人员要定期进行健康检查。必要时实行转岗、换岗作业。

六、噪声的危害及其控制

对人体有害的、人们不需要的一切声音都是噪声。在生产过程中产生的噪声，称为生产性噪声。

1. 生产性噪声的分类

生产性噪声按其声音的来源可分为三类：

（1）机械性噪声。指由于机器转动、摩擦、撞击而产生的噪声，如各种车床、轧钢机、球磨机等机械所发出的噪声。

（2）空气动力性噪声。指由于气体体积突然发生变化引起压力突变或气体中有涡流，引起气体分子扰动而产生的噪声，如鼓风机、通风机、空气压缩机、燃气轮机等发出的噪声。

（3）电磁性噪声。指由于电机中交变力相互作用而产生的噪声，如发电机、变压器、电动机等发出的噪声。

2. 噪声对人体的危害

噪声对人体的影响是全身性的、多方面的。噪声会妨碍正常的工作和休息。在噪声环境中工作，人容易感觉疲乏、烦躁，以及注意力不集中、反应迟钝、准确性降低等。噪声可直接影响作业能力和效率。由于噪声掩盖了作业场所的危险信号或警报，使人不易察觉，往往还可导致工伤事故的发生。长期接触强烈噪声会对人体如下几个系统产生有害影响：

（1）听力系统。噪声的有害作用主要是对听力系统的损害。强噪声作用下可导致永久性听力下降，引起噪声聋；极强噪声可导致听力器官发生急性外伤，即爆震性聋。

（2）神经系统。长期接触噪声可导致大脑皮层兴奋和抑制功能的平衡失调，出现头痛、头晕、心悸、耳鸣、疲劳、睡眠障碍、记忆力减退、情绪不稳定、易怒等症状。

（3）其他系统。长期接触噪声可引起其他系统的应激反应，如可导致心血管系统疾病加重，引起肠胃功能紊乱等。

【相关知识】

国家标准《工作场所有害因素职业接触限值　第2部分：物理因素》（GBZ 2.2—2007）中规定，每周工作5天，每天工作8 h，工作场所稳态噪声限值为85 dB（A），非稳态噪声等效声级的限值为85 dB（A）；每周工作5天，每天工作时间不为8 h，需计算8 h等效声级，噪声限值为85 dB（A）；每周工作不为5天，需计算40 h等效声级，噪声限值为85 dB（A）。

3. 作业场所噪声危害的控制

采取一定的措施可以降低噪声的强度和减小噪声危害。这些措施主要有：

（1）采取技术措施控制噪声的产生。这是防止噪声危害的根本措施。应根据具体情况采取不同的解决方式。采用无声或低声设备代替发出噪声的设备，如用液压代替高噪声的锻压。对于生产允许远置的噪声源，如风机、电动机等，应移至车间外或采取隔离措施。

（2）控制噪声的传播。可采取消声、吸声和隔声等措施。消声器是能阻止声音传播而允许气流通过的装置，是防止空气动力性噪声的主要措施。采用吸声材料装饰在车间的内表面或悬挂在车间内，能吸收辐射和反射能量，使噪声强度减弱。在某些情况下，可以利用一定的材料和装置，把声源封闭，使其与周围环境隔绝起来，如隔声罩、隔声间等。

（3）加强个人防护，使用劳动防护用具。合理使用防噪声耳塞、耳罩具有一定的防噪声效果。根据耳道大小选择合适的耳塞，隔声效果可达30～40 dB（A），对高频噪声的阻隔效果更好。改善劳动作业安排，工作日中穿插休息时间，休息时间离开噪声环境，限制噪声作业的工作时间，可减轻噪声对人体的危害。

（4）卫生保健措施。接触噪声的人员应定期进行体检。以听力检查为重点，对于已出现听力下降者，应加以治疗和加强观察，重者应调离噪声作业岗位。有明显的听觉器官疾病、心血管系统疾病、神经系统器质性疾病者不得参加接触强烈噪声的工作。

【相关知识】

2004年，在对阜新地区纺织行业噪声危害对工人健康影响的调查中发现，噪声对人体健康的影响十分明显。噪声对作业工人最主要的职业危害是导致噪声性听力损伤，早期主要引起高频听力损伤，严重时可引起语频听力损伤，造成噪声性耳聋。对听觉外系统的影响主要是引起心血管系统的损害，长期噪声暴露还会对神经系统造成不良影响。

七、振动的危害及其控制

1. 振动的危害

振动是物体以中心为基准，在外力的作用下做往复运动的现象。在生产过程中，由机器转动、撞击或车船行驶等产生的振动为生产性振动。产生生产性振动的振动源有风动工具、电动工具、运输工具、农业机械等。

振动作用于人体后，在感觉上会引起不舒适，强烈的振动甚至令人无法忍受。振动可使人们的作业能力下降，引起姿势平衡和空间定向的障碍，影响听力和手眼动作配合的准确度，影响注意力集中，容易疲劳，导致工作效率降低。强烈的振动会造成组织器官移位、挤压而影响机体正常的生理功能，冲撞性振动甚至会造成组织损伤。长期振动可引起周围神经和血管功能的改变、脚腿痛、下肢疲劳及感觉异常。由于前庭和内脏受振动刺激后的反射作用，可出现脸色苍白、冷汗、恶心、呕吐、头昏、眩晕、呼吸浅表、脉搏和血压降低等现象。

2. 振动危害的控制措施

预防振动的危害应从工艺改革入手，在可能的条件下，以液压、焊接、粘接等新工艺代替铆接；改进风动工具，采用减振装置，设计自动或半自动式操纵装置，减少手及肢体直接接触振动体；工具把手设缓冲装置；改进压缩空气的出口方位，防止工人受冷风吹袭。振动作业工人应发放双层衬垫无指手套或衬垫泡沫塑料的无指手套，以减振保暖。

建立合理的劳动制度，按接触振动的强度和频率，订立工间休息及定期轮换制度，并对日接触时间给予一定限制。

八、辐射的危害及防护措施

1. 电磁辐射对人体的危害

电磁辐射分为射频辐射、红外线辐射、紫外线辐射、激光辐射、X 射线及 γ 射线辐射等。

（1）射频辐射。包括高频电磁场、超高频电磁场和微波等。射频辐射对人体的影响不会导致组织器官的器质性损伤，主要引起功能性改变，并具有可逆性特征，在停止接触数周或数月后往往恢复。

（2）红外线辐射。红外线辐射对机体的影响主要是皮肤和眼睛。

（3）紫外线辐射。强烈的紫外线辐射作用可引起皮炎，表现为弥漫性红斑，有时可出现小水疱和水肿，并有发痒、烧灼感。在作业场所比较多见的是紫外线对眼睛的损伤，即由电弧光照射所引起的职业病——电光性眼炎。

（4）激光辐射。激光对人体的危害是由它的热效应和光化学效应造成的，能烧伤皮肤。

（5）X 射线及 γ 射线辐射。在一些特殊的工作场所，职工有可能接触到放射性物质（放射源）。放射源发出的放射线，可作用于人体的细胞、组织和体液，直接破坏机体结构或使人体神经内分泌系统调节发生障碍。当人体受到超过一定剂量的放射线照射时，便可产生一系列的病变（放射病），严重的可造成死亡。

【相关知识】

放射源发出的射线是人们看不见、闻不到、摸不着的，可能在无形中就对人体造成伤害。因此，在进入工作场所前，要了解现场是否有放射源。作业人员应熟知放射源物质的标签、标识的包装，严格遵守操作规程。

【事故案例】

1995 年 1 月 15 日，四川省泸州市某化建公司工业 X、γ 探伤班的一名临时工在进行作业时，与其一起使用活度为 64Ci（居里）192Ir 探伤机进行管线焊口摄片的另一名临时工在推送 192Ir 源以控制曝光时间时，将放射源放反了，又无警报器，致使伤者在进行贴片时全身受到不均匀放射性误照射。伤者当晚即出现失眠，次日出现呕吐、毛发脱落、四肢无力等症状，6 ~ 7 天后双手出现红肿、水疱，在该化建工地医务室做一般外伤诊治，1995 年 4 月初，伤者双手基本治愈。1996 年 5 月，伤者左手拇指和食指及右手拇指开始肿大，皮下出现脓液，在当地卫生院医治无效，1996 年 10 月 27 日做左手拇指和食指及右手拇指切除。经四川省放射病诊断组会诊后得出如下结论：①轻度急性放射病（恢复期）；②双手放射性皮肤损伤Ⅲ度（左手拇指、食指及右手拇指截指，经劳动部门鉴定为 6 级伤残）；③双手放射性骨损伤。

2. 防辐射措施

在有放射源的工作场所中，应采取严格的防护措施：

（1）严格遵守执行放射源使用和保管的安全操作规程与制度。

（2）严格控制辐射剂量。工作时随时检查辐射剂量，建立个人接受辐射剂量卡，保证在容许的辐射剂量下工作。

(3) 缩短受照射时间，工作时可实行轮换操作制度。

(4) 尽量增大与放射源的操作距离，距离越远，受辐射危害越小，如使用机械手远距离操作。

(5) 采用屏蔽材料（如混凝土、铅）遮挡放射源发出的射线。

(6) 操作中严格遵守个人卫生防护措施，穿戴工作服、工作帽，防止放射性物质污染皮肤或经口进入体内。

(7) 加强宣传教育。学习辐射危害的卫生知识和防护措施。非相关操作人员不要盲目进入有放射源警示标志的作业场所。

(8) 定期体检。对接触放射源的工作人员实行就业前健康检查和定期健康检查制度。

九、防暑降温

1. 高温作业对人体的影响

当高温环境的热强度超过一定限度时，可对人体产生多方面的不利影响，主要有以下几个方面：

(1) 人体热平衡。在高温环境下作业可导致体温上升。如体温上升到38℃以上时，一部分人即可表现出头痛、头晕、心慌等症状。严重者可能导致中暑或热衰竭。

(2) 水盐代谢。高温作业者由于排汗增多而丧失大量水分、盐分，若不能及时得到补充，可出现工作效率低、乏力、口渴、脉搏加快、体温升高等现象。

(3) 循环系统。在高温条件下作业，皮肤血管扩张，血管紧张度降低，可使血压下降。但在高温与重体力劳动相结合情况下，血压也可增高，但舒张压一般不增高，甚至略有降低，脉搏加快，心脏负担加重。

（4）消化系统。在高温环境下作业，易引起消化道胃液分泌减少，因而造成食欲减退。高温作业工人消化道疾病患病率往往高于一般工人，而且工龄越长，患病率越高。

（5）泌尿系统。长期在高温条件下作业，若水盐供应不足，可使尿浓缩，增加肾脏负担，有时可以导致肾功能不全。

（6）神经系统。在高温、热辐射环境下作业，可出现中枢神经系统抑制，注意力和肌肉工作能力降低，动作的准确性和协调性差。由于劳动者的反应速度降低，正确性和协调性受到阻碍，因此容易发生工伤事故。

2．防暑降温措施

做好防暑降温工作，必须采取综合性措施。主要包括：

（1）做好防暑降温的组织保障，加强宣传教育。

（2）改革工艺，改进设备，认真落实隔热与通风的技术措施。

（3）保证休息。高温下作业应尽量缩短工作时间，可采用小换班、增加工作休息次数、延长午休时间等方法。休息地点应远离热源，应备有清凉饮料、风扇、洗澡设备等。有条件的话，可在休息室安装空调或采取其他防暑降温措施。

（4）高温作业人员应适当饮用合乎卫生要求的含盐饮料，以补充人体所需的水分和盐分。增加蛋白质、热量、维生素等的摄入，以减轻疲劳，提高工作效率。

（5）加强个人防护。高温作业的工作服应结实、耐热、宽大、便于操作，应按不同作业需要，佩戴工作帽、防护眼镜、隔热面罩及穿隔热靴等。

（6）高温作业人员应进行就业前和入暑前体检，凡有心血管系统疾病、高血压、溃疡病、肺气肿、肝病、肾病等疾病的人员不宜从事高温作业。

【事故案例】

2010年7月31日下午5时许，刘某在江西省某高速公路宁都田埠段服务区施工过程中突感头晕，随后被就近送至村卫生所治疗，并拨打120急救电话。经测量体温为40℃，属重度中暑，虽经急救，但在120急救车运送途中，刘某因重度中暑热衰竭死亡。

该事故的主要原因是刘某在室外从事高温作业，因缺乏有效的防护措施导致重度中暑，引发脑水肿等症状而死亡。

十、低温作业的危害及防护措施

1. 低温作业对人体的影响

低温作业对人体的影响主要表现在以下几个方面：

（1）体温调节。寒冷刺激皮肤引起皮肤血管收缩，身体散热减少，同时内脏血流量增加，代谢加强，肌肉产生剧烈收缩使产热增加，以保持正常体温。如果在低温环境时间过长，超过了人体的适应和耐受能力，体温调节发生障碍，当直肠温度降为30℃时，人体即出现昏迷，一般认为体温降至26℃以下极易引起死亡。

（2）中枢神经系统。在低温条件下，脑内高能磷酸化合物的代谢降低。此时可出现神经兴奋性与传导能力减弱，出现痛觉迟钝和嗜睡状态。

（3）心血管系统。低温作用初期，心脏血液输出量增加，后期则心率减慢、心脏血液输出量减少。长时间在低温作用下，可导致循环血量、白细胞和血小板减少，而引起凝血时间延长，并出现血糖降低。寒冷和潮湿能引起血管长时间痉挛，致使血管营养和代谢发生障碍，加之血管内血流缓慢，易形成血栓。

（4）其他部位。如果较长时间处于低温环境中，由于神经系统兴奋性降低，神经传导减慢，可造成感觉迟钝、肢体麻木、反应速度和灵活性降低、活动能力减弱。最先影响手足，可使作业能力受到不同程度的影响，由于动作能力降低，差错率和废品率上升。在低温下人体其他部位也发生相应变化，如呼吸减慢，血液黏稠度逐渐增加，胃肠蠕动减慢等。由于过冷致使全身免疫力和抵抗力降低，易患感冒、肺炎、肾炎等疾病，同时还可引起肌肉痛、神经痛、腰痛、关节炎等。

2. 低温作业的防护措施

（1）做好采暖和保暖工作。应当按照国家有关规定，在工作场所设置必要的采暖设备，冬季室内作业车间温度最好不低于 15℃。露天作业，应在工作地点附近设立取暖室，以供工人轮流休息和取暖之用。

（2）注意个人防护。在低温环境中工作，应穿戴导热性小、吸湿性强的防寒服、鞋靴、手套、帽子等。在潮湿环境下劳动时，应穿戴橡胶长靴或橡胶围裙等防湿用品。工作前后涂擦防护油膏也有一定保护作用。必须使低温作业工人在就业时掌握防寒知识，养成良好的卫生习惯。

（3）采取卫生保健措施。加强耐寒锻炼，能够提高肌体对低温的适应能力，这是防止低温危害的有效方法之一。故经常洗冷水浴或用冷水擦身，较短时间的寒冷刺激结合体育锻炼，均可提高对寒冷的适应能力。低温作业工人应增加脂肪、蛋白质和维生素的食物，以提供较多的能量和提高对寒冷的耐受性。建立合理的劳动制度，尽量避免在低温环境中一次停留时间过长，或在没有特殊防护的情况下，在低温环境中睡眠。低温作业人员应定期进行体检，年老、体弱及有心血管、肝、肾等疾病患者应避免从事低温作业。

十一、职业危害因素的检测

国家职业卫生有关法规标准对作业场所职业危害因素的采样和测定都有明确的规定。职业危害因素检测必须按计划实施，由专人负责，进行记录，并纳入已建立的职业卫生档案。常见政策法规主要为部门颁布的有关规章，例如《工作场所职业卫生监督管理规定》（国家安全生产监督管理总局令第 47 号）明确，存在职业病危害的用人单位，应当委托具有相应资质的职业卫生技术服务机构，每年至少进行一次职业病危害因素检测。职业病危害严重的用人单位，还应当委托具有相应资质的职业卫生技术服务机构，每三年至少进行一次职业病危害现状评价。检测、评价结果应当存入本单位职业卫生档案，并向安全生产监督管理部门报告和向劳动者公布。

除国家主管部门颁布的有关规定外，现行职业卫生标准也对职业危害因素的布点采样等进行了详细的规定，主要职业卫生标准有《工作场所空气中有害物质监测的采样规范》（GBZ 159—2004）与《工作场所物理因素测量》（GBZ/T 189. 1—2007 至 GBZ/T 189. 11—2007）有关技术规范等。

对于工作场所中存在的粉尘和化学毒物的采样，根据其采样方式的不同又可以分为定点采样和个体采样两种类型。定点采样是指将空气收集器放置在选定的采样点、劳动者的呼吸带进行采样；个体采样是指将空气收集器佩戴在采样对象（选定的作业人员）的前胸上部，其进气口尽量接近呼吸带所进行的采样。

第三节　冶金企业职业卫生管理

一、职业病危害项目申报

2012 年，国家安全生产监督管理总局颁布了《职业病危害项目申报办法》（国家安全生产监督管理总局令第 48 号）。该办法要求：用人单位（煤矿除外）工作场所存在职业病目录所列职业病的危害因素的，应当及时、如实向所在地安全生产监督管理部门申报危害项目，并接受安全生产监督管理部门的监督管理。

1. 申报的基本要求

职业病危害项目申报工作实行属地分级管理的原则。中央企业、省属企业及其所属用人单位的职业病危害项目，向其所在地设区的市级人民政府安全生产监督管理部门申报。其他用人单位的职业病危害项目，向其所在地县级人民政府安全生产监督管理部门申报。

职业病危害项目申报同时采取电子数据和纸质文本两种方式。用人单位应当首先通过“职业病危害项目申报系统”进行电子数据申报，同时将“职业病危害项目申报表”加盖公章并由本单位主要负责人签字后，连同有关文件、资料一并上报所在地设区的市级、县级安全生产监督管理部门。

2. 申报内容

用人单位申报职业病危害项目时，应当提交“职业病危害项目申报表”和下列文件、资料：

（1）用人单位的基本情况。

（2）工作场所职业病危害因素种类、分布情况以及接触人数。

（3）法律、法规和规章规定的其他文件、资料。

3. 申报的时间要求

（1）进行新建、改建、扩建、技术改造或者技术引进建设项目的，自建设项目竣工验收之日起30日内进行申报。

（2）因技术、工艺、设备或者材料等发生变化导致原申报的职业病危害因素及其相关内容发生重大变化的，自发生变化之日起15日内进行申报。

（3）用人单位工作场所、名称、法定代表人或者主要负责人发生变化的，自发生变化之日起15日内进行申报。

（4）经过职业病危害因素检测、评价，发现原申报内容发生变化的，自收到有关检测、评价结果之日起15日内进行申报。

（5）用人单位终止生产经营活动的，应当自生产经营活动终止之日起15日内向原申报机关报告并办理注销手续。

二、劳动过程中的职业卫生管理

1. 用人单位职业病危害防治八条规定

2015年3月24日，国家安全生产监督管理总局公布了《用人单位职业病危害防治八条规定》。

（1）必须建立健全职业病危害防治责任制，严禁责任不落实违法违规生产。

（2）必须保证工作场所符合职业卫生要求，严禁在职业病危害超标环境中作业。

（3）必须设置职业病防护设施并保证有效运行，严禁不设置不使用。

（4）必须为劳动者配备符合要求的防护用品，严禁配发假冒伪劳防护用品。

(5) 必须在工作场所与作业岗位设置警示标识和告知卡，严禁隐瞒职业病危害。

(6) 必须定期进行职业病危害检测，严禁弄虚作假或少检漏检。

(7) 必须对劳动者进行职业卫生培训，严禁不培训或培训不合格上岗。

(8) 必须组织劳动者职业健康检查并建立监护档案，严禁不体检不建档。

2. 机构设置与职业卫生培训

职业病危害严重的用人单位，应当设置或者指定职业卫生管理机构或者组织，配备专职职业卫生管理人员。其他存在职业病危害的用人单位，劳动者超过100人的，应当设置或者指定职业卫生管理机构或者组织，配备专职职业卫生管理人员；劳动者在100人以下的，应当配备专职或者兼职的职业卫生管理人员，负责本单位的职业病防治工作。

用人单位应当对劳动者进行上岗前的职业卫生培训和在岗期间的定期职业卫生培训，普及职业卫生知识，督促劳动者遵守职业病防治的法律、法规、规章、国家职业卫生标准和操作规程。用人单位应当对职业病危害严重的岗位的劳动者，进行专门的职业卫生培训，经培训合格后方可上岗作业。

因变更工艺、技术、设备、材料，或者岗位调整导致劳动者接触的职业病危害因素发生变化的，用人单位应当重新对劳动者进行上岗前的职业卫生培训。

3. 职业卫生管理制度和操作规程

存在职业病危害的用人单位应当制订职业病危害防治计划和实施方案，建立、健全下列职业卫生管理制度和操作规程：

(1) 职业病危害防治责任制度。

(2) 职业病危害警示与告知制度。

(3) 职业病危害项目申报制度。

(4) 职业病防治宣传教育培训制度。

(5) 职业病防护设施维护检修制度。

(6) 职业病防护用品管理制度。

(7) 职业病危害监测及评价管理制度。

(8) 建设项目职业卫生“三同时”管理制度。

(9) 劳动者职业健康监护及其档案管理制度。

(10) 职业病危害事故处置与报告制度。

(11) 职业病危害应急救援与管理制度。

(12) 岗位职业卫生操作规程。

(13) 法律、法规、规章规定的其他职业病防治制度。

4. 工作场所的职业卫生要求

产生职业病危害的用人单位的工作场所应当符合下列基本要求：

(1) 生产布局合理，有害作业与无害作业分开。

(2) 工作场所与生活场所分开，工作场所不得住人。

(3) 有与职业病防治工作相适应的有效防护设施。

(4) 职业病危害因素的强度或者浓度符合国家职业卫生标准。

(5) 有配套的更衣间、洗浴间、孕妇休息间等卫生设施。

(6) 设备、工具、用具等设施符合保护劳动者生理、心理健康的要求。

（7）法律、法规、规章和国家职业卫生标准的其他规定。

产生职业病危害的用人单位，应当在醒目位置设置公告栏，公布有关职业病防治的规章制度、操作规程、职业病危害事故应急救援措施和工作场所职业病危害因素检测结果。存在或者产生职业病危害的工作场所、作业岗位、设备、设施，应当按照《工作场所职业病危害警示标识》（GBZ 158—2003）的规定，在醒目位置设置图形、警示线、警示语句等警示标识和中文警示说明。警示说明应当载明产生职业病危害的种类、后果、预防和应急处置措施等内容。

5. 劳动合同的要求

用人单位与劳动者订立劳动合同（含聘用合同）时，应当将工作过程中可能产生的职业病危害及其后果、职业病防护措施和待遇等如实告知劳动者，并在劳动合同中写明，不得隐瞒或者欺骗。劳动者在履行劳动合同期间因工作岗位或者工作内容变更，从事与所订立劳动合同中未告知的存在职业病危害的作业时，用人单位应当向劳动者履行如实告知的义务，并协商变更原劳动合同相关条款。用人单位违反规定的，劳动者有权拒绝从事存在职业病危害的作业，用人单位不得因此解除与劳动者所订立的劳动合同。

用人单位不得安排未成年工从事接触职业病危害的作业，不得安排有职业禁忌的劳动者从事其所禁忌的作业，不得安排孕期、哺乳期女职工从事对本人和胎儿、婴儿有危害的作业。

【事故案例】

2012 年 2 月 17 日，某焦化厂回收车间脱硫工段计划将脱硫废热锅炉内炉管腐蚀坍塌部分割开补焊，之前经过将废热锅炉顶部人孔和换热管端盖打开。当日 8 时 10 分，维修人员进入现场，对克劳斯炉伴烧煤气连接管道堵盲板。9 时左右，车间安全员祁某和厂安全环保消防科两名检测人员一起对锅炉内含氧量、可燃气体进行了检测，经检测符合作业要求。维修人员电焊工吕某和监护人员曾某携带便携式硫化氢报警器和佩戴呼吸器进入锅炉内进行切割作业，操作人员彭某和维修班班长李某在人孔口负责监护，其后祁某因有事离开作业现场。10 时 40 分左右，维修人员完成切割作业，人员撤出废热锅炉，收拾工具，清理现场。11 时左右，现场人员均离开检修现场去食堂吃饭。11 时 30 分左右，脱硫工段乙班班长赵某吃完饭路过脱硫现场，看到祁某的摩托车停在院内，没看到人，经寻找发现祁某倒在废热锅炉内，急忙喊人将其救出，然后打电话叫救护车，同时进行现场急救。12 时 05 分左右，救护车将祁某送往医院抢救，经抢救无效死亡。该起事故造成直接经济损失约 40 万元。

事故的直接原因是：

(1) 维修切割作业结束后，现场人员撤离现场，忽视了安全隐患的继续存在，现场没有设置警告牌或采取其他安全措施，是造成本次事故的一大直接原因。

(2) 安全员祁某在检修条件具备，检修人员正常作业后离开工作现场，再次回到现场后，忽视了进入危险区域和受限空间的规定及要求，在未进行检测、未通知人员监护、未佩戴防护器具的情况下，凭经验独自进入危险设施内，是造成本次事故的又一直接原因。

事故的间接原因是：检修方案不完善，未对作业过程中的危险因素充分辨识和采取针对性措施，未按程序将检修方案和安全措施上报焦化厂主管部门审核。

第四节　职业健康监护和职业病管理

一、职业健康监护

职业健康监护对从业人员来说是一项预防性措施，是法律赋予从业人员的权利，是用人单位必须对从业人员承担的义务。其主要内容包括职业健康检查和建立职业健康监护档案。

1. 职业健康检查

包括上岗前、在岗期间、离岗时和应急的职业健康检查。

（1）上岗前的职业健康检查。用人单位应组织接触职业病危害因素的劳动者进行上岗前的职业健康检查，不得安排未经上岗前职业健康检查的劳动者从事接触职业病危害因素的作业，筛选职业禁忌证，保证不安排他们从事所禁忌的作业。

（2）在岗期间的职业健康检查。用人单位应组织接触职业病危害因素的劳动者进行在岗期间定期的职业健康检查，发现职业禁忌证者有与所从事职业相关的健康损害的，应及时调离原工作岗位并妥善安置；对需要复查和医学观察的劳动者，应当按照体检机构要求的时间安排复查和医学观察。

（3）离岗时的职业健康检查。用人单位对接触职业病危害因素的劳动者应进行离岗时的职业健康检查，对未进行离岗时职业健康检查的劳动者，不得解除或终止与其订立的劳动合同。用人单位发生分合、解散、破产时，亦应对接触职业危害因素的工人进行职业健康检查，并按照国家有关规定妥善安置职业病病人。

（4）应急的职业健康检查。用人单位对遭受或可能遭受急性职业病危害的劳动者，应及时组织进行职业健康检查和医学观察。

2．职业健康监护措施

用人单位应当根据职业健康检查报告，采取下列措施：

（1）对有职业禁忌的劳动者，调离或者暂时脱离原工作岗位。

（2）对健康损害可能与所从事的职业相关的劳动者，进行妥善安置。

（3）对需要复查的劳动者，按照职业健康检查机构要求的时间安排复查和医学观察。

（4）对疑似职业病病人，按照职业健康检查机构的建议安排其进行医学观察或者职业病诊断。

（5）对存在职业病危害的岗位，应立即改善劳动条件，完善职业病防护设施，为劳动者配备符合国家标准的职业病危害防护用品。

3．职业健康监护档案

职业健康监护档案是健康监护全过程的客观记录资料，是系统地观察劳动者健康状况的变化，评价个体和群体健康损害的依据，其特征是资料的完整性、连续性。

（1）职业健康监护档案的内容。用人单位应当为每个劳动者建立职业健康监护档案。档案内容包括：劳动者姓名、性别、年龄、籍贯、婚姻、文化程度、嗜好等情况，劳动者职业史、既往病史和职业病危害接触史，历次职业健康检查结果及处理情况，职业病诊疗资料，需要存入职业健康监护档案的其他有关资料。

（2）职业健康监护档案的管理。用人单位应当为劳动者个人建立职业健康监护档案，并按照有关规定妥善保存。安全生产行政执法人员、劳动者或者其近亲属、劳动者委托的代理人有权查阅、复印劳动者的职业健康监护档案。劳动者离开用人单位时，有权索取本人职业健康监护档案复印件，用人单位应当如实、无偿提供，并在所提供的复印件上签章。

二、职业病的诊断

职业病的诊断应当由省、自治区、直辖市人民政府卫生行政部门批准的医疗卫生机构承担。劳动者可以在用人单位所在地、本人户籍所在地或者经常居住地依法承担职业病诊断的医疗卫生机构进行职业病诊断。职业病诊断机构在进行职业病诊断时，应当组织三名以上单数职业病诊断医师进行集体诊断。职业病诊断医师应当独立分析、判断、提出诊断意见，任何单位和个人无权干预。职业病诊断证明书应当由参加诊断的医师共同签署，并经职业病诊断机构审核盖章。

用人单位和医疗卫生机构发现职业病病人或者疑似职业病病人时，应当及时向所在地卫生行政部门和安全生产监督管理部门报告。确诊为职业病的，用人单位还应当向所在地劳动保障行政部门报告。

当事人对职业病诊断有异议的，可以向作出诊断的医疗卫生机构所在地地方人民政府卫生行政部门申请鉴定。职业病诊断争议由设区的市级以上地方人民政府卫生行政部门根据当事人的申请，组织职业病诊断鉴定委员会进行鉴定。当事人对设区的市级职业病诊断鉴定委员会的鉴定结论不服的，可以向省、自治区、直辖市人民政府卫生行政部门申请再鉴定。

医疗卫生机构发现疑似职业病病人时，应当告知劳动者本人并及时通知用人单位。用人单位应当及时安排对疑似职业病病人进行诊断；在疑似职业病病人诊断或者医学观察期间，不得解除或者终止与其订立的劳动合同。

三、职业病病人的保障

职业病病人依法享受国家规定的职业病待遇。用人单位应当按照国家有关规定，安排职业病病人进行治疗、康复和定期检查。用人单位对不适宜继续从事原工作的职业病病人，应当调离原岗位，并妥善安置。用人单位对从事接触职业病危害的作业的劳动者，应当给予适当岗位津贴。职业病病人的诊疗、康复费用，伤残以及丧失劳动能力的职业病病人的社会保障，按照国家有关工伤保险的规定执行。职业病病人除依法享有工伤保险外，依照有关民事法律，尚有获得赔偿的权利的，有权向用人单位提出赔偿要求。

职业病病人变动工作单位，其依法享有的待遇不变。用人单位发生分立、合并、解散、破产等情形的，应当对从事接触职业病危害作业的劳动者进行健康检查，并按照国家有关规定妥善安置职业病病人。用人单位已经不存在或者无法确认劳动关系的职业病病人，可以向地方人民政府民政部门申请医疗救助和生活等方面的救助。

【事故案例】

贵州省某公司是一家专业生产工业硅的工业企业，有员工 1 000 余名。该公司自 1999 年投产以来，从业人员长期受工业硅冶炼产生的粉尘危害。至 2010 年 7 月 2 日，该公司先后共有 1 343 名职工进行职业健康检查和职业病诊断，确诊矽肺患者 200 例。另外，半年后需复查胸片的职工还有 262 名。

这起职业危害事故是一起群发性、社会影响较大的责任事故。事故的主要原因是该公司工业硅冶炼过程产生的粉尘中游离二氧化硅含量较高，这些物质进入空气中成为可吸入颗粒物能直接进入人体肺部，长期吸入导致矽肺病。事故的发生与公司厂区布置不合理、生产设备较简陋、企业对职业卫生工作不重视、有关部门监管不力等有直接关系。

这起事故中患病的工人多数获得治疗，并获得了当地社保部门一次性工伤保险赔付。事故的23名责任人分别受到了移送司法机关追究刑事责任、留党察看、行政记大过、行政记过等处分。